knapp

Für Beatrice und Celia.
Mit herzlichem Dank an die Oltner, Werner und Moni
und die gesamte Redaktion Hörspiel und Satire bei SRF 1

Thomas C. Breuer

Alpenchili und Bergheucurry

Neue Schweizer Küche

Ein Sonderdruck der Originalausgabe, die 2013 unter dem Titel «Piranha Fondue» in der *Perlen*-Reihe erschienen und noch immer lieferbar ist.

knapp

Inhalt

Schweizer Küche

Die Nahrungsaufnahme ist aus dem heutigen Leben nicht wegzudenken. Überraschenderweise finden sich in der Schweiz vergleichsweise wenige Kochsendungen im Fernsehen, was sich aus einem unterschwelligem Hochmut speist: «Wir müssen das Kochen nicht lernen, wir können es!» Kunststück, in der deutschsprachigen Schweiz geniesst man das Glück, kostenfrei der ganzen Finessen überseeischer Besitzungen wie Wallis, Tessin und Engadin teilhaftig zu gehen. Im Verb «geniessen» steckt «Genie» ja schon mit drin. Risotto, Tuorta da nuschs, Älplermagronen, da stehen die nördlichen Nachbarn nur mit offenen Mäulern da. Gemein: Bei den Deutschen hat der geradezu zwanghafte Einsatz internationaler Ingredienzen etwas Annektierendes, bestenfalls Affektiertes, die Schweizer haben sie im Haus. Klar, mit ihrer Artenvielfalt wollen sie Grösse simulieren. Generell müssen sie sich natürlich einschränken, in den Regalen ist der Platz limitiert, nicht nur dort, nein, praktisch überall im Land. Deswegen sind sie dazu übergegangen, Nahrungsmittel in komprimierter Form auf den Markt zu werfen. Im Verpulvern sind die Helvetier Weltmeister! Nehmen wir Gewürze: Majoran, Thymian, Bibernelle, Durchlauch – wo sollen sie die ganzen Gläser bloss unterbringen? Das Kapitel Würzfolklore decken sie folglich mit einem Kompaktstreu des Namens *Aromat* ab, und das findet sich unweigerlich in diesen … wie heisst das gleich, wo Salz und Pfeffer immer drinstehen auf dem Tisch? Genau, Gewürzinseln! Oder Ménage vielleicht, Ménage à trois, weil die Gewürze zu dritt daherkommen, wie die Carabinieri in Italien: Salz, Pfeffer, Aromat. Wir erleben hier ein Volk von hoher Konzentrationsfähigkeit, sogar die Schärfe ist strengstens organisiert, nichts belässt man im ursprünglichen Zustand.

Deutsche und Deutschschweizer sprechen im Grunde dieselbe Sprache: Englisch. Steamer ist auf beiden Seiten der Grenze ebenso zu verstehen wie Cherry-Tomate, Sandwich oder Pommes frites. Damit erschöpft es sich leider. Nehmen wir die Peperoni: Für den Deutschen tönt das nach Chilifeuer, für den Schweizer ist es bloss eine müde Paprika. Maluns, Capuns, Gottseibeiuns, Glace, Egli, Gnagi, das muss man alles im Köpfli behalten, das heisst, Köpfli ist natürlich absolut unverzeihlich, denn das ist derName einer gestürzten Süssspeise. Wobei: Gestürzte Süssspeise – das tönt eher nach Dritter Welt, Bürgerkrieg, Venceremos! Das mag lustig sein, aber keinesfalls gluschtig. Wenn Puten Truten sind, wieso heisst der russische Präsident dann nicht Trutin? Das Entlebuch ist übrigens ebenso wenig ein Geflügelführer, wie das Säuliamt ein Réduit für Beamtenschweine ist.

Zu Hochmut, Eidgenossen, besteht indes wenig Veranlassung. (Wieso eigentlich Genossen und nicht geniessen?) Mostbröckli, Iiklemmts, klingt das nach Esskultur? Wenn wo was eingeklemmt wird, das kann nicht gesund sein! Fotzelschnitte tönt auch nicht eben elegant. Wähe – weh uns! Gut, die Welt verdankt den Helvetiern Innovationen wie den digitalen Rüeblischäler von *Swatch* und den *Original Swiss Army Pürierstab.* Andererseits hat sich Helvetia aber weltweit grauenhaftester Versündigungen an arglosen Grundnahrungsmitteln schuldig gemacht. Ein Wort: Maggi, wie man beschönigend in Deutschland sagt, mit mindestens drei g. Der Schweizer ist ehrlicher: Matschi, das tönt schon wie flüssiger Matsch.

Trotzdem gelten wir Teutonen als Geschmacksanalphabeten, Barbaren, die zur St. Galler Bratwurst Senf verlangen. Senf! Seit einiger Zeit der Renner: Slow Food. Wie man ausgerechnet in der Schweiz noch etwas verlangsamen kann, bleibt schleierhaft. Aber wartet nur, Eidgenossen, die Zeiten ändern sich rasant. Unlängst kam es bei einem Käsehändler im grossen Kanton zu einer unschönen Szene. Auf den

Wunsch nach einem rezenten Emmentaler fragte der Mann freudestrahlend: «Den französischen oder den Allgäuer?» Von dem norwegischen will man da gar nicht erst anfangen!

Solothurner Küche

Solothurner! In Italien hat jede Region, jedes Seitental, ja, jede Bodenvertiefung eine eigenständige Küche, die in reichlich bebilderten Broschüren präsentiert wird, in dicken Folianten, in mehrbändigen Sondereditionen: Piemontese, Calabrese, Genovese, Anamnese. Den berühmtesten Koch habt ihr ohne Ablösesumme nach London abgegeben, nach England: Mosimann, geh du voran! Dabei fehlt unbedingt ein Standardwerk der solothurnkantonesischen Küche, denn grundsätzlich nimmt sich die Informationslage bezüglich der Cuisine solothurnaise bescheiden aus. Gerade mal zwei Bücher sind im Handel – und die nur antiquarisch zu haben: *Solothurner Landfrauen kochen* – aus dem Jahre 2004, mit Spiralbindung. Preis 57 Euro. Sowie: *Koch-Rezepte für die Gas-Küche. Zusammengestellt von Frau Schild, Kursleiterin in Bettlach,* aus dem Jahre 1904. Der Zustand – des Buches jetzt – wird so beschrieben: «Leicht bestossen, rechter Rand gebräunt, Stempel auf Einbanddeckel. Preis 25,47 Euro.» Ist der rechte Rand nicht immer gebräunt?

Selbst fragwürdige Landstriche wie das Wallis haben es zu echten Herausstellungsmerkmalen gebracht, die

Haute Cuisine der Tschutter erlebte 2012 ihre Blütezeit, der Gomser hat das Safranschaf gezüchtet, und das Raclette kommt nicht aus Lettland, wie viele vermuten, sondern aus – falsch, auch nicht aus dem Wallis, die erste Erwähnung ist in mittelalterlichen Klosterhandschriften aus Nid- und Obwalden zu finden. Das wird gerne übersehen: Die schweizerische Küche ist ähnlich der mexikanischen eine ausgesprochene Armenküche – und nicht immer gesund, man denke nur an Rilkes Ticineser Allergien. Der Luzerner Hafenchabis oder die Basler Mehlsuppe legen beredt Zeugnis von ab. Im Engadin verzehren sie noch heute widerwillig Steinbockkutteln, und im Appenzellerland scheuen sie sich nicht, Biber zu erlegen, zu zerlegen und zu vertilgen.

Dabei hat die Solothurner Küche einiges zu bieten: Funggi war die allererste Spezialität, heute noch zu bewundern im Kartoffelstockmuseum zu Wangen. Im Bezirk Thal pflegt man seit zwei Generationen den Zucchinianbau. Olten hat die Gurke. Steaks vom Wilden Panther landen auf dem Kestenholzgrill. In Gösgen wachsen im Herbst die Kürbisse zu atemberaubender Grösse heran. Über Lebern muss man nicht eigens sprechen. Aus dem Bezirk Bucheggberg wären die Taubenblutwursttortelloni zu rühmen, aus Seewen die Wildsaumostbröckli. Beliebt auch der sog. «Ofenguck» aus Dorneck, der dem schmalen

Geldbeutel geschuldet ist, später wurde der «Röhrenguck» draus, und aus Schönenwerd stammt die legendäre Schiebewurst: Ein Scheibe Schüblig wird auf eine Schnitte trocken Brot gelegt und während des Verzehrs mit der Oberlippe nach hinten geschoben, sodass die Illusion entsteht, man würde ein Wurstbrot vertilgen. Sensationell das traditionelle Bauernmenü aus Zullwil: «Duett von Rinderfilet und geschmorten Bäckli auf Schwarzwurzel-Mikado mit Kartoffelravioli und Mandarinengrütze». Aus Büren schliesslich stammt das Biiremüesli. Schon im Mittelalter war es gang und gäbe, Bier zum Frühstück zu reichen. Das haben die Bürener ihren nördlichen Nachbarn abgeschaut: Weil der Deutsche auch gerne zum Essen Alkohol zu sich nimmt, hat der Bayer den Bierschinken entwickelt und der Rheinländer den Weingummi. Der Schwabe toppt das lässig mit Dreikornbrot. In vielen Gemeinden gab es noch bis in die Sechzigerjahre des vergangenen Jahrhunderts hinein durchgehend arme Küche mit vielen ausgefallenen Gerichten, im wahrsten Sinne des Wortes. Lange waren die Solothurner diesem alten Sinnspruch gefolgt: «Tee, Kaffee und Läckerli bringen den Bauer ums Äckerli!»

«Churzi Predigt, langi Brootwürscht!», heisst eine andere Weisheit. Daher, Solothurner Kantonesen: Traut euch und macht endlich euer eigenes Kochbuch!

Härdöpfu

Bald jedes amerikanische Nummernschild ziert das Motto des Herkunftstaates. Für Idaho lautet es «Famous Potatoes», berühmte Kartoffeln also – was allemal freundlicher klingt als beispielsweise «Idaho – where Hemingway shot himself». In Idaho schlägt das amerikanische Kartoffelherz, Kartoffeln sind *das* Herausstellungsmerkmal – 85 Prozent aller in den Vereinigten Staaten verzehrten Erdäpfel stammen von dort. Nur wenige Schweizer wissen indes, dass der Name Idaho auf eine Schweizer Pionierin zurückgeht, Ida Hostettler aus dem Aargau. Noch heute gibt es in ihrer Heimatgemeinde, Schöftland, einen riesigen Veranstaltungssaal namens «Härdöpfuchäuer». Leider glaubt man dort, damit dem Fräulein Hostettler genug Ehre angetan zu haben. Das ist bedauerlich. Die Gemeinde sollte sich die Hauptstadt Idahos, Boise, zum Vorbild nehmen, die jedes Jahr im Oktober die *Kartoffelbiennale* ausrichtet, nebenbei die weltweit einzige Biennale, die alljährlich stattfindet. Boise ist keine besonders ansehnliche Stadt, macht aber durch dieses Festival Terrain gut. Mit der *Kartoffel*biennale bemüht sich der kleine

Staat im Nordwesten der USA vor allem um eine Imageverbesserung, gilt Idaho vielen Amerikanern als Heimat fragwürdiger Nachtschattengewächse, als hinterwäldlerisch, ja, fundamentalistisch und zwanghaft patriotisch. Die Biennale beweist auf eindrucksvolle Weise, dass man mit den Pataten auch anders verfahren kann, als sie unsensibel zu zerquetschen wie weiland der – natürlich – deutsche Haudrauf Raimond Harmsdorf.

Gleich bei der Einfahrt vom Flughafen erblickt das Auge des Betrachters das Standbild des heiligen Fritius. Vor dem Capitol befindet sich das Denkmal der längsten Kartoffel der Welt, in den Nachkriegswirren 1945 aus der belgischen Provinz Brabant nach Übersee verbracht. Auch die Schaufenster Boises stehen im Zeichen des Festivals. Eine Sensation sind die Kartoffelskalps aus der Zeit des Häuptlings Restless Leg, der Fachmann spricht von «Baked Potato Skins», mit Motiven aus dem Alltag der Nez-Percé-Indianer. Bemerkenswert eine Sitzbank aus einer besonders festkochenden Sorte, die 1926 bei Ausgrabungsarbeiten in Kleinasien gefunden wurde und auf der schon der bedeutende griechische Philosoph Plankton gesessen haben soll. Viele Kunstwerke fielen leider profaner Nahrungsmittelaufnahme zum Opfer. In Europa sind die meisten Menschen undankbar – sie haben die Kartoffel längst zur schnöden

Sättigungsbeilage degradiert. Dabei übersehen sie deren charakterliche Qualitäten, allen voran die Fähigkeit zur Freundschaft ohne Eigennutz. Seit Jahren beklagt die internationale Schutzorganisation *Pomme de terre* diese Missstände, ohne Erfolg. Kartoffeln sind soziale Wesen wie du und ich, die auch gerne mal Party machen im Keller, vor allem die festkochenden.

In zahllosen Vorträgen werden an der Boise State University historische Persönlichkeiten der Kartoffelkultur gewürdigt: von Pelle, dem Eroberer über Nofritete, der ägyptischen Säulenheiligen der Kartoffelschnitzer, bis hin zu Madame Pommepadour, schon ihrer zahllosen Bratkartoffelverhältnisse wegen. Idaho wäre aber nicht in Amerika, wenn nicht auch noch die Sofakartoffel des Jahres gekürt würde.

Niemand in Idaho hat jedoch vergessen, dass es eine Schweizerin, eben Ida Hostettler, war, die dem bis anhin eher vor sich hin dümpelnden Bundesstaat zu seiner neuen Identität verhalf. Deshalb hat man ihr im Morris Hill Dog Park ein Denkmal errichtet. Höchste Zeit, dass man sich auch in Schöftland ihrer erinnert, denn die Kartoffel vermag Synergien freizusetzen wie kein anderes Nachtschattengewächs, gerade in der Schweiz, die einstmals eine grosse Kartoffelnation war, mit atemberaubenden Sorten wie der Röseler, der Guarda, der Vitelotte noire oder der Blauen Zimmerli. Der Schriftsteller Hugo Loetscher wurde einmal gefragt: «Wenn Sie die Wahl hätten, wovon würden Sie sich ausschliesslich ernähren?» Seine Antwort: «Von Kartoffeln und Blutdruckmitteln!»

Poulet, Poulet

Das schönste Geflügelte-Wort in der Schweiz heisst Poulet. Aber jö, armes Schweizer Huhn! Der Schweizer liebt es kompakt, weil er lange Wege scheut, daher hat er das Currypoulet gezüchtet, das im Schatten der Currysträucher des Thurgaus dahinvegetiert bzw. teilnahmslos auf den Reisterrassen des Tessiner Valle Maggia scharrt. Manchmal brütet es auch sein kurzes Leben lang dumpf im engen Bastgeflecht, ein bünzliges Güggeli im Körbli, das es nur verlässt, um im eigenen Mist zu kratzen und nicht selten darin ab. Poulez-vous manger avec moi ce soir?

Im fernen Europa hingegen lachen ja die Hühner – sie haben die Lizenz zum Brüten! Mag das Euroküken zwar das Licht der Welt im stupiden Landkreis Cloppenburg erblicken, also nicht direkt das Licht, denn in den weitläufigen Hallen ist es eher finster, werden die Legehennen aber immerhin beschallt mit Kompositionen von Georg Friedrich Hendl. Wieso überhaupt Legehennen – gibt es auch welche, die werfen? Das Euroküken begibt sich bereits kurz nach dem Schlupf auf seine lange Reise. Daran wird sich so schnell nichts ändern, auch wenn die Verbraucher mit den Züchtern von Zeit zu Zeit ein Hühnchen rupfen. Küken sind ja nicht mal Schwerverkehr, wiegen fast nix, auf gehts, nach Frankreich des passenden Federkleides wegen, Franzosen kennen sich aus mit Mode, behaupten sie zumindest – French Dressing! –, dann nach Polen ins Land der billigen Körner, der Mist wandert nach Holland, wo er am Meer aufgeschüttet wird, um das Staatsgebiet zu erweitern, ganz Holland ist auf Mist gebaut, wohingegen in der Schweiz die Ausscheidungen im Lande bleiben. Wenn es gross genug ist, den Reifeprozess abgeschlossen hat, heisst es High Noon fürs Huhn, dann bringt man es ins schöne Spanien zum Federn lassen, seit der Inquisition hat man da seine Methoden, es gibt Fallbeilspiele! Prossima stazione Italia, wo man sich ausnehmend gut auf Innereien versteht. Derweil die eidgenössische Chickeria ihre Bastkörbli nie verlassen hat und quasi en complet in den Ofen geschoben wird, ohne je etwas von der Welt gesehen zu haben. Europa lässt selbst die Einzelteile zirkulieren, in Schweden werden Hühnchen gerupft, die Federn kommen nach Ungarn, auch das kein Schwerverkehr, schliesslich heisst es federleicht. In Tschechien portioniert, in Österreich frikassiert man sie. Und dann sieht man zu fortgeschrittener Stunde Verliebte hähnchenhaltend über die Champs-Élysées schlendern.

Das armselige Mistchratzerli ist in der Zwischenzeit lediglich über die Reisterrassen gestakst oder hat allen Hennenschiss mal unmotiviert mit dem Schnabel am mostindischen Currygestrüpp herumgezurrt, freudlos lebt es von der Kralle in den Mund, schmort im eigenen Saft, systematisch gleich gemacht, alle hören auf den Namen Casimir, Hühner wie Hähne, nie könnten sie der europäischen Konkurrenz das Wasser reichen, denn das Eurohuhn hat in derselben Zeit ein glorios globetrotteriges Leben geführt, in Germanien geteert, in Frankreich gefedert, in Spanien inquisitioniert, ein internationales Huhn, streng nach amerikanischem Vorbild übrigens, wo ein «Flatterman» vor seiner Vertilgung sämtliche Staaten durchreist, das legendäre *Kentucky Frightened Chicken* zum Beispiel wird in Oregon entschenkelt, die Brust verscherbelt man in Alaska an McDonald's, wo sie zerfetzt und in praktische Nuggets gewürfelt wird, in Arkansas schnappt man sich die Flügel für die leckeren Wings, und was übrig bleibt, wird in Kentucky in die Freiheit entlassen, ein Fall für die Reha. Noch einmal: Euro ist rumgekommen, Helvi bloss umgekommen, als ein trauriger Hahn im Korb, arme Eigenossenschaft, jö.

Grillieren

Früher galt Grillen als spiessig, jetzt sind Griller Zeitgenossen, die virtuos mit Spiessen umgehen können. Längst hat die Gourmetwelle die Grillplätze erreicht, kontrovers werden die Rezepte aus *Koche & Staune* diskutiert und wagemutig die irrsinnigsten Kreationen auf den Grillparzer drapiert. Da findet sich dann nicht mehr die banale Sündenbockwurst auf dem Rost, sondern zum Beispiel der «Gstaader Schüblig» mit Trüffelsplittern auf pürierten Rotweinschalotten. Vorbei die Zeiten, da man dem Geflügel die Bonusmeilen vom Frequent-Fryer-Programm anmerkte. Mett & Shoulders, Fett-à-porter, alles perdu, stattdessen hört man schon einmal vom Fettabsaugen bei Schweinefleisch. Der Grill ist der Heilige Gral, das Brutzeln wird immer feierlicher, tatsächlich wohnt dem Grillieren etwas Sakrales, ja, Rituelles inne, vielleicht handelt es sich sogar eine Ersatzhandlung. Man muss an die Maya denken, und die Medien sprechen ungeniert von Grillbibeln und Grillpäpsten, einzig fehlt der Kulinarienkardinal.

Schweizer Buschgourmets sind begeisterte Schwarzbrenner, brillieren beim Grillieren, ein Brauch, der

Onkologen ebenso begeistert wie Dermatologen. Wer Grillpartys bei Sonnenschein vollstreckt, muss damit rechnen, dass mindestens 83 Prozent aller Schnitzel von Hautkrebs bedroht sind. Trotzdem: Grillen ist sozial, muntere Spiessgesellen veranstalten Bratespiele für die ganze Familie, die Kunst der Fingerfettigkeit. Man zeigt sich gegenseitig seine Brandmale und spricht fachmännisch dem Brandbeschleuniger zu und schwärzt sich gegenseitig an, notfalls die ganze Nacht bis zum Grill-Chill am frühen Morgen. Auch die kalte Küche kommt zu ihrem Recht, der Renner derzeit das Carpaggio vom Hacktätschli an Ochsenknechtsalat. Grillierer sind offener als auch schon, die Currywurst, ein Nahrungsmittel mit Migrationshintergrund (Berlin), darf als Integrationswunder herhalten, und ungeniert kann man ein Zigeunerschnitzel wieder Zigeunerschnitzel nennen und nicht mehr krampfig «Steak nach Art der Sinti und Roma.»

Aber wem ist dieser Brauch zu verdanken? In Fussach in Vorarlberg ging zu Beginn der Sechzigerjahre ein Gastwirt – Alfons Hacker – durch miserables Wirtschaften seines Betriebes verlustig, verfehlte Personalpolitik, zu hohe Pacht usw. Aus Trotz und Not schlug er seinen Herd am Bodensee auf, in unmittelbarer Nähe zum Naturpark, da, wo der Rhein in den Bodensee fliesst. In den Sommermonaten funktionierte das recht gut, das Geschäft florierte, sodass auf die Wintermonate getrost gepfiffen werden konnte. Die obligatorische Frage «Und wer hats erfunden?» muss daher leider so beantwortet werden: «Ein Österreicher.» Nun haben die Schweizer 1919 die Vorarlberger kräftig abgebürstet, als diese unter die Fittiche der Eidgenossenschaft schlupfen wollten, die Mutter des Grillers der ersten Stunde war ohnehin eine geborene Hungerbühler aus Leuchen SG. Sagen wir also: Fifty-fifty. Und sowieso: Grills just want to have fun.

Gut, so richtig gesund ist die «Pfropfenkost», also alles, was die Adern verstopft, womöglich nicht, aber immerhin wird häufig Salat dazu gereicht, der so lange gewaschen wird, bis die Fingernägel sauber sind. Selbst in der Kantine des Deutschen Krebsforschungszentrums in Heidelberg werden Hamburger und Pommes angeboten. In der Schweiz gibt es ganze Burgergemeinden! Längst sind Ökos in die Schrebergärten eingerückt, haben mit Leidensgefährten Artischocken-Selbsthilfegruppen gegründet oder den Gemüseverleih organisiert, Vegis brutzeln ohne Scham Milzbranntlinge, die nach einem Geheimrezept von Hildegard von Bingen zubereitet werden. Sie sollen gar nicht so hochmütig tun – es ist noch gar nicht so lange her, dass Verbrecher in Spanien mit der Karotte hingerichtet wurden. Streng genommen sind Grillgerichte sogar Trennkost: In der Rechten die St. Galler, in der Linken das Bürli.

Wurstschnitzer

Der Zürcher Pastor Hans Rudolf Schinz hat über das Leben im Tessin des 18. Jahrhunderts geschrieben: «Die Männer haben es mit anderen Bergbewohnern gemein, dass sie ausser dem Vaterland dem Glück nachhaschen … Sie haben einen viel lebhafteren Geist als die Bewohner des ebnern Landes, sie sind thätiger, sinnreicher, empfindsamer, unternehmender …» Worte, die unbedingt auf Enzo Salumieri zutreffen, ganze zwei Jahrhunderte später.

Unter vielen Weihnachtsbäumen stehen alljährlich die Figuren des legendären Tessiner Wurstschnitzers. Wer ist dieser Mann? Seine Sturm-und-Drang-Jahre führen ihn hinunter in die Mogadischu-Ebene, die Lehr- und Wanderjahre verbringt er in verschiedenen Schlachtereien der Lombardei. Irgendwann beim Verrichten seines Tagwerks überkommt ihn die Idee, mit Brät einmal etwas anderes anzufangen, als es immerzu schnöde der Verspeisung anheimzugeben. Er experimentiert eine Weile in seiner Freizeit herum, und eines schönen Tages entsteht aus einem gewöhnlichen Stück Hartwurst eine kleine Krippenfigur.

Eine beispiellose Karriere nimmt ihren Lauf, zu Beginn allerdings zäh, Salumieri ist ein armes Würstel, muss sich an Mett- und Leberwurst aufreiben, weil Extrawürste unerschwinglich sind, sowieso reicht es selten zu geeignetem Material. Nebenher muss er sich weiter als Metzger verdingen. Von der Alpwirtschaft kann man kaum leben, die gute Torta di pane kommt maximal einmal im Jahr auf den Tisch. Häufig muss die Familie unschätzbare Kunstwerke einfach aufessen. Nur selten gelingt es ihm, ein paar Hartwürste, meist aus Maultierfleisch, in einer der vielen Graas, den Dörrhäusern für Kastanien, vor den hungrigen Mäulern zu verstecken. Manchmal verliert er trotzdem, wenn sie der Schimmel holt. «Le nebbie d'agosto i mangiano tutte le salame» – die Augustnebel fressen alle Salamis, sagt eine alte Tessiner Schnitzerregel. Bald aber erzielt er mit seinem Hobby erste Erfolge: Seine essbaren Brotmessergriffe sind schnell in aller Munde, ein Ende der Wurststrecke zeichnet sich ab.

Aus allem, was man ihm ans Messer liefert, schneidet er filigrane Kleinode. Ressentiments gegenüber Ausländern kennt er nicht: Krakauer, Debrecziner, Frankfurter – alle finden unterschiedslos Verwendung. Begnadet und schier unerreicht aber bleibt seine Taktik bei Salamis. Der Durchbruch kommt 1958 mit der *Matthäus-Passion* in der Abtei Christi

Motten in Zerrsiedeln – ein Tryptichon aus Cervelat als imposantes Zeugnis von Salumieris Wurstfingerfertigkeit. Gerade an grossen Formaten, wo er längst mit Kubikmessern arbeitet, erweist sich seine Kunst: Die Detailverliebtheit bis hin zur Feinziselierung gewöhnlicher Grieben sowie die Miteinarbeitung von Naturdärmen sind unerreicht. Endlich kann er sich sein Material nach künstlerischen Gesichtspunkten aussuchen und muss nie mehr bei schlechten Schlachtern ordern. Auch bei der Petrifikation seiner Werke zeigt er sich innovativ: Er probiert als erster Künstler überhaupt chemische Beschleuniger aus. Sein Meisterwerk bleibt freilich der Mortadella-Kreuzweg seiner Heimatgemeinde Salsiccia Maggiore, gründlich restauriert nach dem Säureattentat eines vegetarischen Kommandos 1983, sowie die Figur des Niesenden Kabanossi, des Schutzheiligen der Fleischer auf der Piazza dell'Intaglio in Bellinzona. Salumieri selbst hat nie viel Aufhebens um seine Person gemacht, er ist kein Aufschneider und unterscheidet sich von anderen Künstlern wie zum Beispiel dem Österreicher Arthur Schnitzler. Salumieri ging es zeitlebens um die Darstellung der Abhängigkeit des Menschen von der Fleischlichkeit sowie um dessen Verwurstung der Kunst.

Salezgebäck

Der 1. Januar dient dem Menschen fürderhin dazu, Ernüchterung zu finden, welche allerdings erst am 2. Januar vollends einsetzt, wenn man vorsätzlich die ersten Vorsätze gebrochen hat. Der Neujahrstag wird masslos überschätzt, und sowieso hat er an Glanz verloren: Nicht einmal mehr der Neujahrsempfang des neuen Bundespräsidenten (bzw. Kollegin) findet an Neujahr statt, den die meisten Bürger mit einem mörderischen Haarspitzenkatarrh verbringen.

Im grossen Kanton ist der 2. Januar ein Niemandsland von einem Tag, die ewige Nummer zwei, leicht depressiv, ein Feiertag der Zweitplatzierten, der Zuspätgekommenen oder der Spätheimkehrer. Weit schlauer sind wieder einmal die Schweizer, denn die haben den 2. Januar zu einem besonderen Tag gekürt. In Salez, unweit des Alpenrheins im Kanton St. Gallen gelegen, wirkte zu Beginn des 17. Jahrhunderts ein Abt von geringem Wuchs, dem die Vorsätze zum Jahreswechsel stets zu hoch gehängt wurden und der darob zu verzweifeln drohte. Bärzel war sein Name, und er stand der einzigen Ordensgemeinschaft der

Präformierten vor, der Propositianer, einer Abspaltung des französischen Prämonstratenser-Ordens. Vor jedem Jahreswechsel trafen sich die verbliebenen neun Mönche bei Brot und Wein und berieten darüber, welche Vorsätze sie für das kommende Jahr fassen sollten. Sie schrieben sie in einen Salzteig, den sie sogleich ihrem Abt vorsetzten, um ihn begutachten und absegnen zu lassen. Das Katzengejammer darüber, dass diese Vorsätze kaum einzuhalten waren, wollte dem Abt freilich nicht behagen.

Nun war der kleine Bärzel ein Mann von grosser Weisheit, also philosophisch durchdrungen, und alsbald kam er dahinter, dass es besser wäre, sich offiziell, also auch öffentlich, von sämtlichen Vorsätzen zu verabschieden, sie sozusagen präpotent über Bord zu werfen, um dann frohgemuter ans Tagwerk gehen zu können. Ohne Druck könne man unbelasteter gesünder essen, gesünder trinken, gesünder rauchen, um irgendwann vor Gesundheit strotzend das Zeitliche zu segnen. Und da die Gemeinde Salez nah am Wasser gebaut hat, was lag näher, als sämtliche Vorsätze den Alpenrhein hinunterzuspülen?

Schon bald begannen die Bewohner von Salez, ihre Vorsätze auf ein Stück Papier zu schreiben, sie geschickt zu kleinen Schiffchen zu origamieren, um sie dann auf die Wasseroberfläche zu setzen. So gingen sämtliche Vorsätze munter bachab. Die Salezianer entwickelten dabei eine solche Fingerfertigkeit, dass sich ihre Geschicklichkeit bald über die Grenzen des Kantons St. Gallen herumsprach.

Das ursprüngliche «Salezgebäck» der Mönche erlangte sogar Weltruhm. Als Symbol für die verschlungenen Wege des Universums, aber auch für die Gewissheit, dass man sich dortselbst in einem geschlossenen System befindet, hat man ein Gebäckstück entwickelt, das aussieht wie eine auf die Seite gekippte und deshalb leicht angedotzte Acht – an das Zeichen für «unendlich» gemahnend. Dem heiligen Bärzel zu Ehren nannte man dieses Salezgebäck ursprünglich «Bärzel», erst im Laufe der Jahrhunderte wurde durch die Nebenalemannische Lautverschiebung die allseits beliebte «Brezel» draus. Gern auch mit Anke – danke, lieber Bärzel!

Seit 1958 ist der Bärzelistag offizieller Feiertag in der Schweiz, der Tag, an dem man allen Vorsätzen den Garaus macht. Wer am Bärzelistag zum Beispiel Kirschzweige ins Wasser stellt, und sie blühen beispielsweise erst an Pfingsten, kann sicher sein, dass Ostern schon vorbei ist.

Die Bärlauchinsel

Die Schweiz ist eine Insel, vor der Schweiz liegt eine Insel, ein winziges Inselchen mitten im Hochrhein. Gehört es zu Deutschland, gehört es zur Schweiz? Wir wissen es nicht. Niemand weiss es. Scheinbar unschuldig liegt das winzige Eiländli zwischen dem Kanton Aargau und dem Landkreis Waldshut-Tiengen. Dennoch ist es begehrt, vor allem im Frühjahr wird es von Feinschmeckern beider Länder angesteuert: «Oh Island in the fog …» Der Volksmund hat ihm den Namen gegeben: Bärlauchinsel. Die unerforschlichen Launen der Gourmetpäpste haben den sog. Bärlauch (Allium ursinum) zu einem heiss begehrten Artikel der internationalen Kochkunst reifen lassen. Bereits in den vergangenen Jahren kam es deshalb zu gelegentlichen Handgreiflichkeiten zwischen Hotzenwäldern und Nebelkantonesen.

26. April: In einer Nacht-und-Nebel-Aktion erobert die Eingreiftruppe der aargauischen Küstenwacht – «in Branchenkreisen Aargonauten» – die Bärlauchinsel. Deutsche Jäger und Sammler sehen sich einer geballten Übermacht gegenüber, weil auch am deut-

schen Ufer Helvetier stehen, denn Grund und Boden ist an Schweizer Bauern verpachtet. Eine Zange!

28. April: Der Waldshuter Landrat fordert die Bundesmarine an. Sturm auf die Kräuterhölle. Warlords aus dem gesamten Klettgau treffen sich in Tiengen und lassen sich von süddeutschen Viersterneköchen in Stimmung kochen. Krieg und Küche haben vieles gemein, daher auch der Begriff «Front Cooking». Matrosen besetzen die Insel und treiben die überraschten Aargonauten ins Wasser.

29. April: Das VBS schickt seine Geheimwaffe, die Sensenmänner-Brigade aus dem Kanton Fribourg unter der Leitung des Vier-Sterne-Generals Charles Muetzel. Die tapferen Soldaten übertreffen sich darin, ins Kraut zu schiessen. Die Krauts schiessen zurück. Ein deutscher Koch wird verwundet, Emulsionen kochen hoch.

30. April: Die Situation gewinnt an Brisanz wegen der dramatischen Nähe der Bärlauchinsel zum Kernkraftwerk Leibstadt. Führende grosskantonesische Politiker begrüssen die Krise jedoch insgeheim, mit der sie von innenpolitischen Problemen ablenken können.

1. Mai: Wo bleibt die Bundesmarine? Der Verteidigungsminister gibt zu, dass man in Berlin das

aargauische Koblenz mit dem rheinland-pfälzischen verwechselt hat. Am Deutschen Eck tummeln sich uninformierte Uniformierte mit ratlosen Mienen.

3. Mai: Soldaten auf beiden Seiten werden von Vergiftungserscheinungen heimgesucht. Lazarette in Singen und Brugg füllen sich zügig – was ist los? Wissenschaftler vermuten, dass Geheimpolizisten beider Lager Maiglöckchen auf die Insel geschmuggelt haben, deren Blätter denen des Bärlauchs zum Verwechseln ähnlich sehen. Leider haben sie versäumt, ihre jeweils eigenen Lager darüber zu informieren.

6. Mai: Den Schweizern droht neues Ungemach, da sich eine zweite Front im Süden auftut: Bei Castasegna im Bergell ist es zu ersten Auseinandersetzungen mit italienischen Kräuterpflückern gekommen. Das Objekt der Begierde: Cappuccinokresse! Anlässlich einer Kressekonferenz betont der italienische Ministerpräsident die Einheit der Europäischen Union. Die alte Achse Rom–Berlin, plötzlich geht wieder was. «Zwei Völker und ein Kampf – Due popoli, una guerra», über 70 Jahre ist das her. Ein Generalissimus der Bundeswehr, der ungenannt bleiben möchte, zitiert sogar den alten Hitler-Spruch: «Und die Schweiz, das Stachelschwein, nehm' wer auf dem Rückweg ein.» Bern ersucht die Schweizergarde im

Vatikan um Hilfe. Vati kann keine Zusagen machen, der Papst ist Deutscher.

7. Mai: Der offizielle UN-Schlichter, seine Durchlaucht, der Daliah Lavi aus Tibet, erscheint beiden Parteien zu schlicht. Demnächst soll der Fall vor dem Unsicherheitsrat … Pardon: UN-Sicherheitsrat verhandelt werden.

Die Küche des Engadin

Für Hans-Rudolf Merz

Viele Menschen im Engadin sprechen rätoromanische Dialekte, sehr alte Sprachen, die auf die Römer zurückgehen. Auch das Wort «Engadin» ist rätoromanisch und bedeutet «Tal des Inn», benannt nach dem Holiday Inn in Patschnun. In dem pittoresken Hochtal hat sich eine der ältesten Küchen Europas bewahrt, auch von der Einrichtung her, mit römisch-italischen-tirolerischen Wurzeln. Bei Champfèr hat man unlängst sogar Wurzeln entdeckt, die aus dem 2. Jahrhundert stammen und mit etwas Leinöl und Kampferblättern vorzüglich mundeten. In vielen Räucherkellern finden sich auch heute noch Wurstwaren, die bis ins Jahr 1786 zurückreichen. Das Engadin ist berüchtigt für seine witterungsbedingten Stromausfälle: Aus der Not heraus wurde dabei 1986 in S-chambeign das Candle-Light-Dinner erfunden.

Hinter Engadiner Gardinen wird recht einfach geschmaust. Meistens beginnt man mit einer Gerstensuppe. Danach Maluns und anderes Gedöns. Maluns ist eine Spezialität, die offiziell 1823 vom Kartoffelgericht Sils zugelassen wurde. Derzeit der Renner sind die sog. Capuns, Mangoldwickel, die unter anderem mit dem legendären «Bündnerfleisch» gefüllt werden, das der nicht minder legendäre Altbundesrat Hans-Rudolf Merz weltweit auf die kulinarische Landkarte gebracht hat. Bündnerfleisch ist Rindfleisch aus der Oberschenkelmuskulatur, das in heisser Luftgetrocknet wird, die man direkt aus dem Bundeshaus in Bern bezieht. Und Mangold ist in wirtschaftlichen heiklen Zeiten eine vorzügliche Investition.

Die Einflüsse der Italiener werden bei den Pastagerichten deutlich. In den Metropolen St. Max und St. Moritz serviert man raffinierte Kreationen wie Segantini und Giacometti, Erstere sind schwarze Nudeln mit einer Murmeltiermousse, die Giacometti eher ein Arme-Leute-Gericht, dünne Spaghettini mit ausgelassener Butter. Wenn jedoch die Serviertöchter und -söhne ebenso ausgelassen sind, sieht man über manches hinweg. Dazu gibt es eigensinnige Wurstsorten wie Salsiz. Karg ist auch Plain in pigna aus den Dörfern um den Piz Zeria, das Mahl besteht aus rohen Kartoffeln und grober Polenta, es geht eher rau zu in den Bergen. Aus dem Unterengadin kommen Teigwarenspezialitäten wie Pizokel und Monokel. Weltweit einzigartig, dass sämtliche vegetarischen Gerichte auf Wunsch auch mit Fleisch serviert werden.

Ganz anders die Küche von Puntraschigna: Hier sind ebenso wie in St. Mo die gehobenen Kreise zu Hause. Da steht dann das «Einerlei vom Sentener Berglamm in Fexer Bergheu mit Rotweinsauce» auf der Karte. Seit der Wolf wieder in den Bergen heimisch geworden ist, findet Lamm reissenden Absatz. Vielen Einheimischen bedeutet der Wolf das nackte Grauen, obwohl er tatsächlich ja ein Fell hat, welches ihm nicht wenige über die Ohren ziehen wollen bzw. die Hammelbeine lang, allen voran die Mitglieder des Schweizerischen Schafkopfverbandes. Viele behaupten, ihnen ginge es um gerissene Schafe, dabei weiss man doch: So gerissen sind die gar nicht! Die haben sich ja, naiv, wie sie sind, schafbrav für die Ausschafungsinitiative als Werbeträger missbrauchen lassen.

Beim Dessert wählt man zwischen Ftaner Bergkäse, der aus massivem Fels gesprengt wird, oder berühmten Kreationen wie Birnenbrot oder Engadiner Nusstorte. Für die Haltbarkeit beim Birnenbrot sorgt der Alkohol, einfach eine halbe Flasche Arvenschnaps dazu, fertig. Aus der Grundmasse der legendären Nusstorte Tuorta da nuschs (zu den üblichen Zutaten 300 g Nusskerne, 2 dl Rahm, 1 EL Bienenhonig, 200 g Transportzement) fertigen die Engadiner ja alles Mögliche, sogar ihre Verteidigungsanlagen: Die Burg von Guardaval zum Beispiel – Feldherren und Bischöfe haben sich seinerzeit daran die Zähne ausgebissen.

Que sera, Svizerra?

Die Alpen sind gefährlich, nicht nur lawinenhalber: Speziell die Schweizer Berge mit ihrer extremen Löchrigkeit sind eine ernste Bedrohung für Hab und Leib, und es ist die Erdbeschaffenheit, die zur Sorge Anlass gibt. Die Schweiz ist en complet auf Käse gebaut, auf einer mitunter schwer einzuschätzenden Vielfalt von Käse: Appenzeller, Surchoix, Mascarpel, Säntis, Trunser, Flysch, Fanaser, Schabziger, Val de Bagnes, Brigelser, Bündner, Emmentaler, Tomme vaudoise, Vacherin fribourgeois, Piora, Etivaz, Raccard und Tête de Moine, um nur ein paar zu nennen. Holländische Käse heissen Leerdamer und schmecken entsprechend. Schweizer Käsesorten sind von extrem unterschiedlicher Konsistenz: Drückt beispielsweise ein bockelharter Sbrinz auf einen überreifen Fontina, kann es zu Verschiebungen der einzelnen Käseplatten kommen. Hat sich ein Weichkäse erst einmal verflüssigt, hinterlässt er Hohlräume, die flugs in sich zusammenfallen – schwerste Erschütterungen sind die Folge, Käsebeben! Die Schweizer ignorieren das Thema leider beharrlich und tun so, als gäbe es keine Probleme. Nie hat man im *Blick* davon gelesen!

Unter der Erdkruste – eigentlich nichts anderes als eine bockelharte Käserinde – brodelt es immerfort, da lauern Käsesorten, die sich verflüssigt haben, da sprudelt Raclette wie in einem Vulkan, vor allem in der Romandie: «Raclett Welsch». Riskiert man eine genauere Augenscheinnahme, sind Vulkane nichts anderes als gigantische Fonduetöpfe und wir Menschen darin die Weissbrotstückchen. Im Untergrund der Schweiz tobt das Inferno, da lauern Käsestrudel, klaffen Gruyèrespalten, doch der Mensch tut so, als wäre nix, sorgloser als die Bewohner von Pompeji oder San Francisco. Erschreckend die Verdrängung, in den Schädeln ebenso wie in den Hohlräumen. Interessanterweise waren es Wissenschaftler aus Übersee, die im *Scientific American* einen Bericht über die Forschungen einer Gruppe von Geologen veröffentlichten. Schon die Fotos der Löcher und der kochenden Substanzen haben aufgerüttelt, erschreckend aber war das Gruppenbild mit lauter zotteligen Männern, die vor lauter Anspannung nicht mal ein Lächeln hinkriegten – wenn Amerikaner dem «Cheese!» entsagen – ist das alarmierend.

Doch was passiert in der Schweiz? Nichts! Sie versuchen, das Problem weg zu futtern, über 21 Kilogramm p. P. p. a. Wenn aber erst einmal ganze Dörfer von der Umwelt abgeschlossen sein werden, wird das Geschrei gewaltig sein, es sei denn, es handelt sich um

Leukerbad. Sie werden erst aufwachen, wenn der Tourismus ernsthaft gefährdet ist. Würde aber in diesen Tagen die Käsemine von Le Locle zusammenstürzen oder ein Einheimischer im Glarnerland kommentarlos in einem Vollfettfeld einbrechen, um für immer von der Erdoberfläche zu verschwinden, die Medien würden todsicher Stillschweigen bewahren. Flugs wird die Sache mit Käse überbacken und anschliessend zur Tagesordnung übergegangen. Warum, wird schnell klar: Der Stellenwert von Käse ist enorm, das ganze Land, so man will, eine Schaukäserei, auch das Bundeshaus in Bern, Käse als Showcase, Segen und Fluch zugleich. Käse ist zwar Nationalheiligtum – Rekruten haben Fonduetöpfe im Marschgepäck –, aber auch Exportschlager und touristisches Herausstellungsmerkmal. Wellnesser zum Beispiel schätzen es, sich einen Tessiner Zincarlin in den Nacken massieren zu lassen.

Dabei ist mit den tektonischen Tricks des Käses nicht zu spassen, ganz gleich, ob gehobelt oder ungehobelt! Selbst die Deutschen haben jahrelang immense Probleme gehabt, auch wenn die Bundesrepublik eher auf Sand gebaut ist: Im Berliner Bezirk Kreuzberg sind mindestens einmal im Jahr die Löcher aus dem Käse geflogen. Seit der Wiedervereinigung ist das Phänomen allerdings verschwunden. Que sera, Svizzera?

Piranha-Fondue

In diesem Beitrag soll vom *Über*fischen die Rede sein, hier wird nicht über Fichen informiert. Die Schweizer essen per annum geschätzte 9,1 Kilogramm Fisch und Meeresfrüchte. In den vergangenen drei Jahren ist der Konsum um etwa 25 Prozent gestiegen. Warum? Gammelfleisch treibt den Vegetariern ganze Heere von Neuanfängern zu, ausserdem ist Fisch gesund: enthält wenig Fett, kaum Kohlehydranten, dafür aber wertvolle Vitamine und Mineralöle. Viele Fangmethoden haben Beifang, der so skrupel- wie leblos ins Meer zurückgeworfen wird. Zuchtfisch ist keine Lösung, denn das hochwertige Futter wird aus eigens gefischtem Meerfisch hergestellt – streng genommen also Unzuchtfisch. Viele Fischbestände erholen sich trotz Fangverbot nicht mehr, allmählich geht es auch Binnengewässern an den Kragen. Höchste Zeit, dass man die Reusen in der Reuss bereut und auch die Rhône ohne auskommt und die Fanglimiten in der Limmat beachtet werden. Auch darf die Thur nicht zur Tortur werden. Nur: Die Menschen zum Umdenken zu bewegen, dürfte schwerer sein als in der Volksmusik ein Tuba-Tabu durchzusetzen.

Allerdings lässt sich aus der Not eine Tugend machen. Beispiel Goumois JU: Die kleine Gemeinde an der Grenze zu Frankreich hat sich zu einem Mekka der Umweltschützer gemausert, die sich alljährlich Anfang Mai zum mittlerweile traditionellen Fischsterben im Doubs versammeln, um gegen die miserable Wasserqualität des Flusses zu demonstrieren. Am Doubs wird Bildung grossgeschrieben, in diesem Fall die Bildung von Algen, die entstehen, wenn Gewässer zu viel Nitrat, Phosphat und gelegentlich auch Muskat enthält. Unter dem Algenteppich erstickt das Leben, die Fische erkranken an Saprolegnia, einem Pilz, der leider nicht zum Verzehr geeignet ist. Der Grasbeisser ist bereits ausgestorben. Wenn nun die Umweltschützer regelmässig einmal im Jahr nach Goumois kommen, lassen sie immerhin viel Geld da.

Beispiel Sarine: Seit ein gedankenloser Aquarianer sein Becken bei Fribourg in die Sarine gekippt hat – Wasser zu Wasser, Fisch zu Fisch, was kann das schon schaden? –, haben die Piranhabestände im drittlängsten Fluss der Schweiz dramatisch zugenommen. Die Üechtländer jammern nun nicht herum, sie haben die Hände zusammengebissen und in die Zähne gespuckt. Entlang des Schiffenensees haben sich zahllose Restaurants auf die Zubereitung von Piranhas spezialisiert, abgesehen von den mageren Beständen an der Garonne ist das europaweit einmalig. In Petit Windig bietet ein findiger Gastronom sogar ein Adventure-Becken an, in dem wagemutige Feinschmecker ihren Fisch höchstpersönlich aus dem Wasser ziehen dürfen. Wird das ohne Schaden überstanden, werden nur die Beilagen berechnet. Über die Grenzen hinaus bekannt wurde das «Piranha-Fondue», das Gourmets entfernter Regionen anlockt. Piranhas aus der Sarine sind erste Sahne und schmecken ähnlich wie Hühnerfleisch. Hier hat man aus der Invasionsbiologie Nutzen gezogen, ein Beispiel, das Schule machen sollte. Ob Rotwangen-Schmuckschildkröte oder Bananenfische – entschlossenen Entrepreneurs bieten sich ungeahnte Möglichkeiten. Im Oberlauf des Inns hat sich die äusserst wohlschmeckende Ellenbogenforelle gegen alle einheimischen Arten durchgeboxt, und die Chefköche reiben sich die Hände.

Blicken wir zum Schluss an den Bodensee, wo die Netzer seit Jahrhunderten ihre Fische auswerfen. Hier schwelt seit Langem der Konflikt zwischen Fischern und Kormoranen, was kein Dienstgrad des Heeres ist. Weil sie zu viele Äschen fressen, will man die Kormorane dezimieren, was natürlich die Vögelfreunde auf den Plan ruft. Dabei wäre der Kormoran durchaus eine Bereicherung für den Geflügelmarkt. Hier sollten die Umweltfreunde Vernunft walten lassen, denn ein erweitertes Geflügelangebot könnte den Bedarf an Fisch drosseln. Kommt es zu keiner Einigung, müssten die Fischer unter Artenschutz gestellt werden.

Sushi

Der Einfluss der eidgenössischen Kochkunst auf die japanische Küche ist seltsamerweise nie gewürdigt worden. Kaum bemerkt blieb der Aufenthalt eines hochrangigen Mitglieds des japanischen Königshauses an der Hauswirtschaftsschule Vevey, die der jungen Dame den letzten Schliff beibringen sollte. Primäres Interesse entwickelte sie aber rasch an einem jungen Waadtländer, der aus dem Dörfchen Suchy stammte. Zu den Zeiten ihrer Romanze herrschte am Genfer See eine rechte Algenplage (Binnenseetang), deren Ursache zu erörtern hier zu weit führen dürfte. Die Fische mochten den Tang nicht und drängten an die Wasseroberfläche, wo sie in den Fokus der Dame aus Nippon gelangten. Das Zusammenspiel von Tang und Fisch spielt seither eine dominante Rolle in der japanischen Küche, und der Herkunftsort des jungen Waadtländers dürfte bei der Namensgebung Pate gestanden haben.

Wir haben es hier mit Kleinkunst zu tun, mit Bonsai-Art: Fischstäbchen ohne das Paniermehl. Das Thema bedarf intensiver Feldstudien, also rein in die nächstbeste Sushi-Bar am Lido von Saint-Sulpice. Auf der

Speisekarte finden sich ausschliesslich landestypische Gerichte: Eine Platte namens *Sushi dégustation,* dazu *Sashimi vaudois* und zwei *Temakirollen* namens *California* und *Philadelphia,* was grosszügig ist von den Japanern, wenn man bedenkt, was die Amis mit ihnen im Zweiten Weltkrieg alles angestellt haben. Wer dem Koch bei der Arbeit zuschaut, muss beeindruckt sein von seiner Fingerfertigkeit am Sudokumesser, Zen in der Kunst, einen Daikon-Rettich zu schälen, insgesamt eine sehr geometrische Verrichtung, der Mann trägt ein rotes Stirnband (mit weissem Kreuz!) und einen Samuraikittel mit rätselhaften Schriftzeichen, die kein Mensch entziffern kann. Das ist hilfreich, vielleicht steht da ja: «Heute bist du dran, nichtswürdiger Butterstinker!» Er sieht nicht wirklich japanisch aus, was vielleicht daran liegt, dass er aus Sri Lanka kommt, aber sechs Jahre in Düsseldorf gelebt hat, wo es ihm übrigens besser gefallen habe als in der Waadt, was nicht wenig irritiert. Immerhin verabschiedet er sich mit einem fröhlichen «Auf Wiedersehen!», was in der Fremde stets ein Trost ist.

In den Sushi-Bars sitzt man meist nebeneinander, das macht sie beliebt, da muss man kaum *mit*einander reden. Worüber auch? Immerfort dieses verbiesterte Vis-à-vis, grässlich, altmodisch. Dabei gab es schon früher, in den Fünfzigern, Autos, in denen man hintereinander platziert war, im Messerschmidt-Kabinenroller, und im Janus sass man sogar Anus an Anus.

2011 gaben bei einer Umfrage der University of Illinois nur 18 Prozent der japanischen Männer und 10 Prozent der Frauen an, guten Sex zu haben. Die Scheidungsraten sind enorm, obwohl die Kosten gigantisch sind.

Zum Glück gibt es Fugu. Der Fisch ist bei den Anwaltskammern Nippons natürlich nicht sonderlich beliebt, und auch in der Schweiz ziert man sich, weil bei der Nahrungsaufnahme der Begriff Trennkost wortwörtlich interpretiert werden kann. Fugu ist der japanische Kugelfisch, ein absoluter Killer. Schon bei der Zubereitung muss man höllisch aufpassen: *Eine* unsachgemässe Bewegung und Ende! Die Köche in Japan brauchen einen Waffenschein dafür. Wenn die Beschwerden einsetzen, ist es für Beschwerden zu spät. Was aber, wenn der Gast eine letale Dosis erwischt hat? Darf ein vergifteter Körper einfach so bestattet werden? In eidgenössischer Erde? Oder ist das Giftmüll? Bereits 10 bis 20 Minuten nach Verzehr kann es zu Brennen und Prickeln auf Zunge und Lippen kommen. Dies kann sich auf die Extremitäten bis in die Finger und Zehen fortsetzen und in Gefühllosigkeit enden. Bei vielen Opfern fällt Letzteres allerdings gar nicht weiter auf. In Japan sterben etwa 100 Menschen pro Jahr an einer Fugu-Vergiftung. Damit sich das wenigstens rechnet, verlangen sie für eine Mahlzeit etwa 44 000 Yen, umgerechnet etwa 250 Franken. Gochisosama deshita!

Wasabi in Wallisellen

Wasabi, auch – botanisch nicht korrekt – japanischer Meerrettich, Wassermeerrettich oder Bergstockrose genannt, ist eine zur Familie der Kreuzblütengewächse gehörende Pflanze, deren Wurzel vor allem der japanischen Küche als scharfes Gewürz dient. Fälschlicherweise wird Wasabi deshalb den Japanern zugeordnet, aber wer hats erfunden? Eben! Kreuzblüte – compris?

Als die Schweiz am 24. Oktober 1648 gegen 10.30 Uhr aus dem Heiligen Römischen Reich austrat, gewahrte ein Scherflein schwedischer Landsknechte, dass es nun Abschied nehmen hiess von den elysischen Gefilden des Tessins. Die Vorstellung, zurück ins eisige Schweden zu müssen, wo die Winter lang und die Häuser bloss aus Knäcke gebaut sind, grauste sie derart, dass sie beschlossen, dem Wehrdienst zu entfliehen. Von Ascona aus zogen sie sich in einen damals völlig unzugänglichen Seitenstrang des Valle Onsernone zurück. Noch heute kann man dort erklärungsbedürftige Namen hören wie Giacomo Lundgren oder Lars-Ingmar Giacometti. Sie bauten dort, sie kannten es ja nicht anders, flugs einige Häuser aus Knäcke. Wovon aber sollten sie sich ernähren? Im kühlen Grunde des Tales gedeiht eine Pflanze, deren Wurzeln den grössten Teil ihrer Gesamthöhe ausmachten. Die Blätter taugten nicht zum Salat, die Stängel nicht zum Gemüse, folglich nahm man sich die Wurzel vor: pürierte sie, häckselte sie, kochte sie, aber ganz gleich in welchem Aggregatszustand – sie schmeckte stets so höllisch scharf, dass es den Menschen das Wasser in die Augen trieb. Andererseits heizte sie von innen, selbst im Tessin können die Nächte kalt werden. Die Schärfe, so erkannten die Schweden scharfsinnig, war die *Unique Selling Position,* und so machten sie sich zügig an die Vermarktung. Wasabi brennt im Übrigen nicht wie Chilischoten auf der Zunge, sondern in Nase und Rachen, was mit den flüchtigen Senfölen der Wasabipaste zusammenhängt. Bisher, und das ist wohl ihr Geheimnis, ist es den Tessiner Schweden stets gelungen, die flüchtigen Senföle wieder einzufangen.

In der Stille des einsamen Tales ist eine endemische Bienenart zu Hause, die sich nur auf diese Pflanze kapriziert. Zu Ehren des Königsgeschlechtes ihrer Heimat nannten sie die Biene Wasa-Biene, und von da war es bis zum Namen Wasabi nur ein winziger Schritt, denn auch der Schwed' hat ein Faible für Abk.

Wie nun gelangte der Wasabi nach Japan? 1968 fügte es sich, dass der Penno ins Mendrisotto kam, um dort innovative Methoden des Tessiner Reisanbaus zu studieren. Bei seiner Abreise überreichte man ihm als Gastgeschenk ein kleines Holzfass mit einer grünen Paste, die den Mann derart enthusiasmierte, dass er nach seiner Rückkehr verfügte, das grüne Teufelszeugs sei fortan zu jeder Mahlzeit zu reichen.

Wasabi bietet mannigfaltige Verwendungsmöglichkeiten. Nachdem zum Beispiel das Pfefferspray schon bei kurzzeitiger Lagerung rasch an Schlagkraft verliert, versucht die Schweizer Armee in einem offiziell stillgelegten Stollen bei Andermatt einen Kampfmeerrettich zu züchten. Die Stängel der Pflanze eignen sich vorzüglich zur Weiterverarbeitung, die Bespannung der Tennisschläger von Roger Federer besteht zu 107 Prozent aus Wasabifasern.

Was dem Mexikaner sein Jalapeño, dem Kubaner sein Habanero oder dem Briten sein Paprikaschotte, ist dem Schweizer sein Wasabi. Von der Eidgenössischen Meerrettich-Gesellschaft EMG mit Sitz in Wallisellen wurde der kleine Kreuzblüter seiner verdauungsfördernden Wirkung wegen unter Artenschutz gestellt. Das kleine Seitental des Valle Onsernone zählt längst zum Tabasco-Weltnaturerbe und trägt seit einigen Jahren offiziell den Namen Valle Wasabi.

Trüffeln, Austern, Kaviar

Wir haben uns den Schweizer als glücklichen Menschen vorzustellen inmitten eines Schlaraffenlandes, in dem ihm die abenteuerlichsten Spezereien geradewegs ins Maul wachsen, die es im Fall mit Milch und Honig nachzuspülen gilt. Das Land ist vom Klima verwöhnt, praktisch nichts muss er importieren, im Gegenteil: Viele europäische Delikatessen haben ihren Ursprung in der Schweiz, und das hat mit dem Faible der Schweizer fürs Bankwesen zu tun. Hierbei muss man den Welschen neidlos den Vortritt lassen. Welchen Welschen, wird sich nun der eine oder andere fragen. Nun, den Romands – aber hübsch der Reihe nach: Beginnen wir bei den Trüffeln.

Die ersten Exemplare wurden zufällig gefunden, als oberhalb von Martigny bei Ausschachtungsarbeiten zufällig der örtliche Schweinehirt des Wegs kam, dessen Ferkel sich mit einem mal wie toll gebärdeten, denn Trüffeln müffeln. Aber diese Geschichte wurde oft genug erzählt. Die Region ist bekannt für manche Nebelbank, die wiederum das Wachstum der Trüffeln begünstigen. Kaum dass die Dunstglocke der

Kirche von Les Valettes im Spätsommer läutet, springt hoch droben St-Pierre die gute, alte Nebelmaschine an. Manchmal ist die Suppe so dick, dass man sie in Terrinen davontragen kann, eine Walliser Spezialität, wie man sich denken kann. Trotz dichten Nebels sind Trüffeln rar, weswegen es mehr Sucher denn Finder gibt. Erschwerend kommt hinzu, dass Trüffeln im Untergrund leben. Trüffeljäger müssen eine Spezialausbildung durchlaufen, für die sie ordentlich büffeln müssen. Es ist eine aufwühlende Tätigkeit, die Charakter erfordert. Angst dürfen sie keine haben, vor tückischen Wurzeln, Wildschweinen, Wildpilzen als Querschlägern. Trüffelsucher sind meistens nachts unterwegs, die Trüffeln scheuen das Tageslicht, und wie sie tatsächlich erlegt werden, bleibt das Geheimnis eines jeden einzelnen. Gottlob bewegen sich Trüffeln nicht so schnell und man wird ihrer leicht habhaft, wenn man sie erst einmal ausfindig gemacht hat. Die komplizierte Jagd macht sie teuer.

Austern gelten erst seit Mitte des 19. Jahrhunderts als Spezialität. Die erste urkundlich erwähnte Austernbank befand sich weiland in Eaux-Vives («lebende Wasser») am Genfersee, wo sie so lange prächtig gediehen, bis die Franzosen begannen, ihre Abwässer nicht mehr ungeklärt in den See zu leiten. Franzosen vertilgen bekanntlich alles, was sich bewegt, und so blieb es einem Franzosen vorbehalten, die ersten

Muscheln nach Paris zu bringen, wo sie rasch ihre Kreise zogen. Ein schwunghafter Handeln setzte ein, täglich trafen Muschelwaggons aus Genf an der Gare d'Austerlitz in Paris, der dem glitschigen Zeugs auch seinen Namen gab: Austern. Noch heute feiert man in Eaux-Vives, längst nach Genf eingemeindet, an Ostern ein rauschendes Austernfestival, bei dem auch bekannte Künstler auftreten wie das Trio Oyster.

Schliesslich der Kaviar: Zu Beginn des 19. Jahrhunderts, der Kanton war gerade in die Eidgenossenschaft aufgenommen worden, siedelte sich – glückliche Fügung des Schicksals – der Stör neu im Neuenburger See an. Ein reicher Emigrant vom Kaspischen Meer hatte in der Nähe von Cortaillod ein paar Tiere ausgesetzt, wo sie sich ungestört vermehren konnten. Die Neuenburger beherrschen die Klaviatur der Kaviarjagd, in Brot-Dessous NE floriert die Verarbeitung. Die Eier des sog. Sommaruga-Kaviars kommen in allen Grautönen daher, Qualitätsware mit stets sauberem Spiegel. Seit die Wildbestände weltweit gefährdet sind und der kaspische Stör mit Importverboten belegt ist, schlägt die Stunde des Schweizer Kaviars, dem selbst die Störmanöver von iranischer Seite nichts anhaben können.

Pilzköpfe

Für Urs Hirschi

Irgendwo stand zu lesen, dass der Schweizer täglich zwei Eisenbahnwagen voller Pilze vertilgt. Respekt! Pilze allein sind schon schwer verdaulich, und erst noch die Waggons als Sättigungsbeilage! Bei den Menschen, die ihre Adoleszenz in den Sechzigern verlebten, verlief die Pilzsozialisation meist so: Zunächst reges Interesse für die Pilzköpfe aus Liverpool, parallel dazu jenes Pils, das sich am Ende mit S schreibt. Dann bog man im Allgemeinen scharf nach links ab und definierte sich zunächst als Rotfussröhrling, dann als «Austernseitling». Wesentlich später musste man einem Buch entnehmen, dass der Stadtchampignon in der Lage ist, Asphalt zu durchbrechen, wo doch die meisten geglaubt hatten, dass unter dem Pflaster der Strand liegen würde. Alle ereiferten sich über Atompilze, kämpften mit dem Fusspilz und lebten in feuchten Wohnungen mit Schimmelpilz. Endlich kamen die bewusstseinserheiternden Pilze auf, die «magic mushrooms». Hierzu eine aktuelle Meldung aus *20 Minuten*: «Rückgängig ist neben Speed der Konsum von Zauberpilzen.» Die Zeiten haben sich geändert, heutzutage gilt sogar Eierlikör als bewusstseinserweiternde Substanz.

Der französische Sänger Georges Brassens hat weiland ein Chanson geschrieben des Titels *La ronde des jurons* – übersetzt etwa «Der Flüche-Reigen» –, ein Lied, dass er mit übelsten Schimpfwörtern bestückte. Da hätte er sich gut bei den Pilzen bedienen können: «Graublättriger Schwefelkopf! Klebriger Hörnling! Hexenröhrling, flockenstieliger!» Der Begriff Weichei beziehungsweise Warmduscher findet bei den Pilzen im Wolligen Milchling seine Entsprechung, und wer würde beim Scheidenstreifling nicht an Cavaliere Berlusconi denken?

Manche Pilze tragen im Grossen Kanton andere Namen. Der in der Schweiz als Kaiserling bekannte Pilz heisst dort «Gemeiner Beckenbäuerling». Der Blaugestiefelte Schleimfuss reagiert auf «Westerwelling», der Glimmerschüppling auf «Dieter Bohlen». Der als Schopftintling bekannte Pilz heisst schweizerseits schlicht «Adolf Muschg». Herr Schneider-Ammann würde in Alemannien, falls überhaupt, nur als «Hochthronender Schüppling» geführt, und Ueli Maurer als «Unverschämter Ritterling». Man könnte auf die «Hohe Morchel» Leuthard verweisen, aber dann müsste man die Damen Sommaruga («Ziegenlippe»?) und Widmer-Schlumpf («Krause Glucke»?) ebenfalls erwähnen. Wer weiss, ob diese Personen bei Erscheinen dieses Buches überhaupt noch im Amt sind. Moritz Leuenberger im Nachhinein als «Waldfreundrübling» zu bezeichnen, tut diesem Mann aber sicher nicht unrecht.

Auch bei diesem Thema begegnet man den gravierenden Unterschieden zwischen der deutschen und der Schweizer Umgangssprache. In der Schweiz sagt man: Pilze «rüsten», weil man in diesem Land gern die militärische Anbindung hervorhebt. In Deutschland heisst das schlicht «putzen», was ebenfalls einiges aussagt. Unhaltbar allerdings auf beiden Seiten der Grenze die Methoden, Pilze haltbar zu machen: Einfrieren, sogar schockfrosten, trocknen, Einlegen in Essig oder Öl – in der Schweiz spielt man ihnen schlimmstenfalls ein paar Lieder vom Gölä vor, dann fallen sie in eine Art Schlafstarre.

Schweizweit sind etwa 5000 Pilzarten bekannt. Von den rund 3000 Arten, bei denen die Kenntnisse für eine Beurteilung ausreichen, sind 32 Prozent akut gefährdet, zum Beispiel der Rosarote Saftling, was sicher mit dem europaweiten Niedergang der Sozialdemokratie zu tun hat. Es gibt neben den bedrohten aber auch die bedrohlichen Arten. Im Kanton Zürich wurden zwischen 1992 und 2002 10000

Kilo ungeniessbare und giftige Pilze aussortiert, darunter 87 Kilo tödlich giftige.

Der Wald bedarf dringender Regeneration – und mit ihm die Pilze. Auch das ist kantonal geregelt. So geniessen im Kanton Uri Pilze Schonzeit, wenn es innert eines Monats zweimal Vollmond gibt. Im Ticino dürfen wegen der Schadstoffemissionen bestimmte Pilze nur gepflückt werden, wenn in Mailand Fahrzeuge mit ungerader Endziffer Fahrverbot haben. Im Kanton Luzern schliesslich haben Pilze montagmorgens und donnerstagnachmittags keine Sprechstunde.

Tuorta da nuschs

Im grossen Kanton geht «Risottos» als Plural von «Risotto» durch, und auf einer Speisekarte kann einem durchaus einmal ein «Zürcher Rahmgeschnetzeltes Nürnberger Art» begegnen. Vor allem in der Küche walten unterschiedliche Sprachen, was die Kommunikation häufig erschwert.

Verschämt erwähnt sei in diesem Zusammenhang – es liegt Jahrhunderte zurück – der Kontakt des Autors zu einer Bündner Dame, eine schreckliche Geschichte, vor allem deshalb, weil die Frau derart schwindelerregend gekocht hat, dass die Deckung vernachlässigt wurde. Der bleibende Eindruck: einerseits Erregung, letztlich aber Schwindel. Das Salz mag in der Suppe sein, der Pfeffer jedoch ist im Hintern. Generell beschränkt sich das Scharfmachen nicht nur auf die Töpfe: In der Schürze liegt die Würze. Ohnehin überlässt die deutsche Zunge wenig der Fantasie: Kitzler, Gaumenkitzler. Vom Naschen zum Vernaschen sind es gerade mal drei Buchstaben, Pornografie und Kochen verbindet eine heisse Affäre. Speisekarten gehören letztlich auf den Index:

Salatnest mit Liebstöckel-Vinaigrette. Tafelspitz. Warm gebeizter Lachs. Kalbsvögeli – gehts noch?

Männer lieben es bekanntlich, an der Nudel herumzuspielen, aber wehe, man wagte es, das Wort «Nudeln» in den Mund zu nehmen: Dann blitzten ihre Augen zornig ob der geballten germanischen Ignoranz: Pasta, basta! Nudeln, exgüsi, so sagt man halt im 27. Kanton. Sollen Ulknudeln fortan vielleicht Spasse-Pasta heissen? Wieso sprechen die Schweizer überhaupt vom Nudelsonntag? Pasta Domenica, stronzo!

Morgenessen? Warum erst morgen – jetzt! Was essen wir zum Znacht? Wieso essen? Z'Nacht hatte man anderes im Sinn. Dabei hätte klar sein müssen, dass der Helvetier sein Nachtessen schon am frühen Abend einnimmt, das Nachtleben von Chur zum Beispiel findet aus Kostengründen schon am späten Nachmittag statt. Missverständnisse waren vorprogrammiert. Was gibts zum Znacht? Kalbsvoressen! Voressen? Also vor dem Znacht? Am frühen Abend? «Wie wärs mit Geschwellti?!», fragte sie. «Gschwellti?» Das tönte vielversprechend säuisch. Mit Gipfeli war aber keinesfalls der Höhepunkt gemeint. «Wodsch en Glace als Dessert?», fragte sie, vielleicht, um den Mann herunterzuchillen. «Parfait!», gab dieser in einem jähen Anfall von Internationalität zur

Antwort. Natürlich ist Parfait bloss Halbgefrorenes, da gefriert einem grad alles! Das war mässig lustig, aber keinesfalls gluschtig. Irgendwann war sie derart angefressen, dass sie dem Autor die Bircherraffel ins Kreuz geschmissen hat. Angefressen bedeutet im Deutschen strikt das Gegenteil, ähnlich verhält sich das bei der Frage: «Sind Sie bedient?» Die stolze Schweizerin ist von Geburt an im Besitz der allein selig machenden Küchenweisheit, als teutonischer Geschmacksanalphabet hat man da wenig zu melden. Schweizer hingegen wissen seit Kindesbeinen, dass man Sellerie vulgo Geilwurz heisst, Muskat die Wirkung von Alkohol verstärkt, Pfeffer die Durchblutung aller Körperteile beflügelt und Koriander speziell die des Beckens. Karotten werden in bestimmten Gegenden auch Witwentröster genannt, Ochsenzungen bieten vielseitige Einsatzmöglichkeiten, der Weg von der Emulsion zur Emotion ist kein allzu weiter und Feigen werden all denen serviert, die sich noch nicht so recht trauen. Brachte man vorsichtige Vorschläge an, hielt sie einen mit ihrem Todes-Sugo in Schach, mit Luganighette, die einen subito in die Knie zwangen.

In diesem Fall war Eros eine Abkürzung für Erosion, die Geschichte war zum Scheitern verurteilt, Bündnerfleisch hin, Bündnerfleisch her. Das Herz der bockelharten Bündnerin muss aus dem gleichen

Material geschnitzt gewesen sein wie die legendäre «Tuorta da nuschs». Nicht nur lukullisch gesehen ist man als Deutscher in der Schweiz auf der Verliererseite. Deutsche sind nicht mal Abschaum, sie sind Abschümli! Danke, ich bin bedient.

Kampfzone Küche

Gewalt in der Küche – auch in der Schweiz – ein ganz trauriges Kapitel, da sind viele negative Gefühle unterwegs. Wenn der Mensch einmal so richtig lustig sein will, wird er rauflustig. Lämpe! Natürlich liegt die Frage nahe: Wird es mit der Gewalt in Mitteleuropa je so schlimm wie in Amerika? Nun, derart grausam wohl nicht, das ist eine Frage der Geschichte, des Nationalcharakters und der Ernährung – Amerikaner vertilgen Testosteron ja pur. Nicht nur in unseren Küchen herrscht ein rüder Umgangston. Wenn die Menschen das untereinander so handhaben wollen, bitte – nicht aber doch arglosen Nahrungsmitteln gegenüber! So fängt es an: Flüssige Butter unterschlagen – wem bitteschön? Ist das nicht eine Aufforderung zu einer Straftat? Peterli fein hacken – da darf man sich glücklich schätzen über das Wörtchen «fein». Meistens heisst es «grob zerkleinern» oder «Pfeffer grob darübermahlen», früher gab es die «grobe Landleberwurst», man konnte froh sein, wenn sie nicht handgreiflich wurde, und wenn man zurückblaffte, war sie beleidigt. Rüebli würfeln – ist das neuerdings ein Glücksspiel?

Verwursten, zerbröseln, entrinden und schmoren, köcheln lassen oder sieden, tranchieren und ausbeinen, erhitzen und mit Eiswasser abschrecken, dann wieder in kochendes Wasser tauchen, weich kochen oder schaumig schlagen, in Mehl wenden oder durch die Eier ziehen, warum nicht gleich zerfleischen oder im Mörser mit dem Stössel zerreiben oder gar zerdrücken oder zermanschen, panieren, frittieren, füsilieren, und dann unter Rührung kurz weitergaren lassen, wenigstens taucht hier erstmals so etwas wie eine menschliche Regung auf: Rührung. Aber dann gleich wieder anbraten, anschmoren, anschreien. Nicht selten muss sich eine ehrenwerte Cervelat als «Arbeiterforelle» verunglimpfen lassen. So ein Chabis!

Was in den gängigen Kochbüchern veranstaltet wird, hat man sich nicht einmal während der Inquisition getraut. Küchen sind Folterkammern für Nahrungsmittel, da können sie schreien wie am Spiess, keinen kümmerts. Das muss man sich einfach in den Grind reindrücken! Kochen ist Unterwerfung. Soviel Hass in der Welt, und genau danach sieht das Essen meistens aus: Schwer misshandelt. Gelegentlich kommt es zu einem Auflauf, aber passieren tut nichts. Wieso hört man da nichts von *Amnesty*? Hummer, das weiss man, werden von Feindschmeckern weiterhin lebend ins kochende Wasser geworfen, es heisst, das mache den Viechern nix aus, im Gegenteil, von Hummern wisse man, dass sie sogar beinharte Fans dieser Prozedur seien, man hat sie eigens dazu befragt.

Unsere Kochrituale beschreiben unvorstellbare Grausamkeiten, das war eben längst noch nicht alles, ich klage an, je bocuse! Knoblauch und Zwiebeln anbraten, Tomatenmark in das brutzelnde Öl geben, frische Tomaten überbrühen, häuten, halbieren, entkernen und rein damit, glasig dünsten, glasig blicken, eingelegte Tomaten zerfleddern, Chili zerstampfen, Salz und Zucker, frischen Salbei und frisches Basilikum zerfetzen, Luganighette – das sind diese schmalen Schweinsbratwürste – mit roher Gewalt auseinanderreissen, Büffelmozzarella niedermetzeln, halt: Die Feigen habe ich vergessen, Feigen trau ich mich eigentlich nicht, aber die sind das A und O bei diesem Rezept, eben jenem Sugo, mit dem jene Bündnerdame aus dem vorherigen Kapitel den Chronisten besinnungslos gekocht hat, und natürlich muss man diesen Sugo jetzt etwa drei Jahre einkochen lassen. Hätten Sie noch ein bisschen Zeit?

Grosi

Erste Begegnungen mit der Schweizer Küche im öffentlich-rechtlichen Fernsehen der frühen Achtzigerjahre. Wer auch immer auf die Idee mit der Doppelmoderation gekommen ist – ein Geniestreich! Da brodelten nicht nur währschafte Mahlzeiten in den Kochtöpfen, züngelten nicht nur heisse Flammen darunter, es brodelte und züngelte vor allem zwischen den Protagonisten, dass es eine Art hatte. Gerne verhaspelten sie sich vor schierer Aufregung, ja, kaum verhohlener Lust, weshalb diese halbe Stunde im Dritten Vorabendprogramm (seit 1756) zum Schärfsten gerechnet werden durfte, was deutsche Bildschirme zu bieten hatten, zumindest um diese Uhrzeit: «Was die Grossmutter noch wusste!» – lange vor der Inflation der Kochshows.

Je heisser die Gerichte daherkamen, desto eher vertuttelte sich Kathrin Rüegg, sie stotterte Sätze wie «Dann … äh … dringt das Gemüse in das Ei ein!», derweil ihr Counterpart Werner O. Feisst von einem «Mittelding zwischen einem Omelett» schwärmte. Die Dialoge gewannen rasch an Biss: «Jetzt gibt es *mein* Leibgericht! Du brauchst nicht zu glauben, dass es immer nur dein Leibgericht gibt hier!», fuhr La Rüegg den unverwüstlichen Feisst an. Keck reckte der ihr seinen Ranzen entgegen. «Und des tuscht du getrennt … mache?», fragte er dabei scheinheilig, wobei er erwartungsvoll auf seinen Zehenballen wippte: «Ich merke, wie dir schon das Wasser im Mund zusammenläuft!» Wasser? Zusammenlaufen? Im Mund? Nicht nur das, nicht nur da, nicht nur bei diesem gemischten Doppel. Oh, unterschwellig blieb es nicht, das Knistern, nein, es schwoll an wie … oft verliessen den Chronisten die Vergleichsmöglichkeiten. Allein wie sie das Wort Auberginen betonte mit ihrem Basler Zungenschlag, ganz verraucht auf der ersten Silbe bzw. verrucht. Er latent schulmeisterlich – sie indes weltmeisterlich, verlebten beide unverzeihliche Stunden miteinander.

«Jetzt kommt oben drauf wieder Fleisch», hauchte sie. «Oh, Pardon, jetzt habe ichs von Hand genommen!» Von Hand! Ob Kalbszungen oder Krebsschwänze, die beiden wussten sich selten zu zügeln. Die Versprecherdichte verdichtete sich, sie sendete tiefe Blicke über die blau geränderte Brille, derweil Feissts Honoratiorenbadisch mehr und mehr ins Vulgärbadische abglitt. Sie beherrschte wahrlich sämtliche Tricks, die sie dem «Grosi» abgeschaut hatte: Wie man «de Sosseschlitz» frischhalten konnte oder den

Liebstöckel anfasste, und was sie einmal packte, das liess sie nimmer los, und es zischte, was immer da im Topfe war, das grosse Fressen in der alemannischen Version, er fiel darüber her, als handele es sich um ein junges Hühnchen, «e Mischtchratzer»; «chafle» und «schläcke» wären die beiden Tunwörter, die dem Leser dabei leider nicht erspart werden können. Die Schweiz als Abgrund der Lust, zwischen Füdlitätsch und Eiertütschete, nicht zufällig hat man Mönch und Jungfrau nebeneinander gelegt und alle Witze darüber geächtet, und ganz in der Nähe dräut die Scheidegg. Feisst gab häufig «de Stürmi, de Glüschtler», und Kathrin «de heiss Ofe», mit beschlagenen Brillengläsern, und wie auch immer diese Tête-à-Têtes ausgehen mochten – das Fernsehen hatte sich schon diskret zurückgezogen. Wer die Hitze nicht verträgt, sollte die Küche meiden, sagt ein Innerschweizer Sprichwort.

Stets spürt man das «Herzboppere». Ein Kräuterweiblein modernen Zuschnitts, zäh, unbeugsam, keinen Millimeter vor dem Werner zurückweichend, dem beleibten Ausserkantonalen obgleich Badner, Souschwob bis ins Mark. Verbissen der Kampf um die beste Position im Scheinwerferlicht, ums erste Wort, ums letzte Wort, sie dabei von messerscharfer Freundlichkeit, ein Wunderwerk helvetischer Feinmechanik, mit einer Frisur, die Sbrinz hobeln könnte, so sie denn welchen herausgerückt hätte, was nie zu erwarten stand. Das konnte nicht ewig so weitergehen: Werner O. Feisst war dieser Dauerbelastung nicht gewachsen, am 28. April 2006 ist er in Freiburg gestorben. Kathrin Rüegg folgte ihm erst satte fünf Jahre später.

Gurken

Manchmal kommen wir gar nicht nach mit unseren Ängsten: Handelte es sich in Fukushima wenigstens um fair getradete Brennstäbe? Was ist mit Fleisch, darf man derzeit Fleisch essen oder droht da ein Spiessbratenlauf? Ungern erinnert man sich an die Vogelgrippe 2010: Wenn irgendwo auf der Welt eine tote Ente auftauchte, war das für die Journalisten ein gefundenes Fressen, von Enten verstehen diese Leute einiges. 2011 ging es dem Gemüse an den Kragen: Gurken, und dann wieder nicht, und dann wieder doch, Tomaten, Salat, Sprossen. Eine geile Sache war das – Erreger eben. «Zu einer Direktübertragung schalten wir nun um nach …» – tja, leider auch nach Olten. Brav haben wir uns sämtlicher Schreckensaspekte bemächtigt und alle Keime persönlich abgegrast. Dabei heissen Sprossen Keimlinge mit richtigem Namen – wieso ist man da nicht gleich drauf gekommen? Und die können sogar freie Radikale in Zellen binden, was nur schwer zu verstehen ist: Wenn das freie Radikale sind, wieso sind sie dann in Zellen? Und was ist mit den Verursachern – gehören die nicht auch eingesperrt? Wie ist das alles zu bewerten unter der Berücksichtigung der Tatsache, dass Osama bis zu seinem Tod Biobauer war?

Für Olten, die alte Gurkenmetropole, ist die Sache glimpflich ausgegangen. Im Frühjahr 2011 ist Olten knapp an der Katastrophe vorbeigeschliddert – ein Risiko, das immer besteht, wenn man auf Monostatt auf Stereokultur setzt. Apropos: Sogar in der Kultur dominiert die Gurke unter ihrem Aliasnamen Cornichon das Städtchen an der Aare. Hier wird einmal jährlich sogar ein Kabarettpreis selbigen Namens verliehen. Sogar das Stadtwappen zeigt drei Gurken, weshalb man Olten die «Drei-Gurken-Stadt» nennt.

Die Oltner Gurken suchen an Geradlinigkeit ihresgleichen auf der Welt, weswegen sie vor allem in der Europäischen Union Triumphe feiern konnte, als 1998 die legendäre «Europäische Gurken-Verordnung» in Kraft trat. Zu diesem Thema kursieren wunderliche Mythen. Dazu schreibt Christian Lettner, Magister der *Österreichischen Gesellschaft für Europapolitik:* «Für den Verkehr von bestimmten Gütern rund um den Globus brauchte es einfach die Anerkennung und Anwendung bestimmter Normen.» Lettner führt weiter aus, dass die EU dabei lediglich «weltweit ausgehandelte und beschlossene Regelungen» übernommen habe – welche im Übrigen am 1. Juli 2009 wieder ausser Kraft gesetzt wurden. Unterdessen sind die

EU-Bürger aber derart konditioniert, dass sie weiterhin zur ungekrümmten Gurke greifen.
Als kältetoleranteste kultivierte Vertreterin der Kürbisgewächse gedeiht die Gurke sogar im Mittelland, und der Kanton Solothurn ist mit Fug und Recht als Gurkenstaat zu bezeichnen. Das Gewächs soll im 17. Jahrhundert mit dem Duc de Concombre aus Nordfrankreich in die Region gelangt sein. In Österreich hat man sie sogar verwildert im Burgenland beobachtet, in der Schweiz wird ein solches Verhalten nicht geduldet. Ihr Ursprung liegt allerdings im fernen Indien, wo sie um 1500 v. Chr. domestiziert wurde. Richtiges Benehmen wurde ihr freilich erst in – richtig – Olten beigebracht.

Als die Gurken-Rating-Agenturen die grünen Klöppel plötzlich wegen EHEC herabstuften, brach in Olten verständlicherweise Panik aus. Tonnenweise verdarben die Gurken in den grossen Freiland-Zuchtanlagen in der Fruchtfluh und mussten letztlich billig abgestossen werden – der nordkoreanischen Polizei sollen sie heute noch als Schlagstöcke dienen. Als schliesslich Sprossen als Verursacher der Krankheit geoutet wurden, war die Rehabilitierung der Gurke nur eine Frage der Zeit. Die Oltner sind seither gewappnet, sind sie doch mit einem grünen Auge davongekommen. Sie experimentieren derzeit mit dem Rettich.

Kräuter und Gewürze

Immer mehr Hochglanzmagazine zelebrieren das Leben auf dem Lande. Der geplagte Städter sehnt sich nach Einfachheit, nach dem unverfälschten, reinen, ursprünglichen Leben. Diese Bedürfnisse hat sich die Gastronomie zunutze gemacht, um ihrerseits mit der Pflege des Einfachen, Unverfälschten, Reinen, Ursprünglichen usw. ordentlich Geld zu verdienen, also mit allem, was man landläufig unter «Landliebe» versteht. Oberstes Gebot: «Du sollst nicht landweilen!» Dieser Trend ist natürlich den Touristikern nicht verborgen geblieben, weshalb sie sich vor einigen Jahren anschickten, das Einfache, Unverfälschte, Reine, Unverfälschte usw. in ihre Angebote aufzunehmen. Zwei Beispiele seien hier angeführt, der Kräuterwanderweg in Lungern OW und die Gewürzfilmbiennale von Ascona.

Rund um den Blausee nahe Lungern am Fuss des Brünig soll in diesen Tagen ein Kräuterwanderweg eingeweiht werden, da dieses abgeschiedene Tal vorwiegend endemischen Arten Unterschlupf gewährt. Die Lungerer hoffen darauf, mit Ökotourimus auf den grünen Zweig zu kommen. Der Weg ist streng wissenschaftlich gestaltet und hebt sich wohltuend von Witz- oder Märchenwegen ab. Im Tal gibt es Kraut wie Heu, lang wie's ungemähte Gras. Der Wanderer soll lernen, wie vielseitig Kräuter sein können, ob er diese nun isst, trinkt oder raucht. (Hände weg von Majoran!) Schmucke Bänke aus Kerbholz (der hartleibige Kerbel wird hieraus gewonnen) laden zum Verweilen ein, und müde Füsse erfahren Labsal durch ein Bad in Kräuterquark. Ob Spitzwegerich oder Umwegerich, ob Blaubohnenkraut, Gewehrbeifuss oder der topmodische Lagerfeldthymian, der interessierte Laie erfährt alles über die Stängel und Blätter, die die Welt bedeuten können. Besondere Aufmerksamkeit wird natürlich dem Senfhanf zuteil, der die Sarner Küche so unverwechselbar macht. Als Motivationshilfe zum Wandern wird eine Gratisdegustation internationaler Kräuterschnäpse angeboten. Schon deswegen empfiehlt sich von Luzern die Anreise mit der Freien Wildbahn – das Kombi-Billett zu 55 Franken.

Lange Zeit hat man in Engelberg neidisch auf das Filmfestival von Locarno gestarrt, bis jüngst ein findiger Tourismusmanager auf die Idee kam, es den Locarnesen gleich zu tun, und Anfangs November, also *off-off-season,* wie Touristiker sagen, ein Gewürzfilmfestival ins Leben zu rufen. Kräuter und

Gewürze spielen in unserem Alltag eine zunehmend wichtigere Rolle. Die stets gestressten nördlichen Nachbarn müssen das beruhigende Johanniskraut schon ihrem Joghurt beimischen. Vor der imposanten Kulisse der halbverfallen Basilika von St-Cumin werden vierzehn Nächte lang die bedeutenden Gewürzfilme der Welt gezeigt. Interessierte Zuschauer können dabei Wiedersehen feiern mit Klassikern wie «Dill Eulenspiegel» von Ernst Marischka, John Fords «Cayenne», «Estragone with the Wind» von Victor Fleming, Hitchcocks «Immer Ärger mit Curry» oder «Galganten» mit James Dean. Für Spannung sorgten Mitternachtsshows wie «Das Geheimnis der Lavendeltreppe» und «Salbei Anruf Mord».

Besondere Werkschauen widmen sich Regisseuren wie Sergej Eisenkraut, Ingwer Bergman und Helmut Kräuthner. Auch Hollywood ist präsent mit Filmen wie «Vierzig Meilen bis Kardamom», «Rosmarins Baby» und «Fluchtpunkt Safrancisco». Anchovis besteht allerdings kein Bedarf. Schade nur die insgesamt strikt «retro» gewandte Ausrichtung – lediglich zwei Filme neueren Datums wurden gezeigt: «Der Cilanthrop» von Rudolf Thomé und Wim Wenders «Der Kümmel über Berlin». Schmerzlich vermisst wurde unter anderem «Das Leben der Korianderen». Ein weiterer Wermutstropfen: Bisher blieben die kantonalen Fördermittel aus, da angeblich die Filme keinerlei lokale Befindlichkeiten widerspiegeln. Hier liegen die Probleme wohl in der nonherbalen Kommunikation.

In der nächsten Woche stellen wir den Kräuter-Kreuzweg in Kreuzlingen vor.

Alpenchili

Chili findet sich in Schokolade, und von dort ist es zur Tabasco-Rivella nur ein winziger Schritt: *Rivella Rabiata!* Bereits auf dem Markt: «Gala Mousse Schweizer Alpenchili». Alpenchili? Alpenchili! Chili ist jedoch mitnichten eine Kolonialpflanze, wie viele vermuten, sie heisst nicht einmal so. Als wenn es noch einer Erklärung bedürfte – die Endung -li deutet es an: Chili ist eine Schweizer Erfindung. Die Herkunft ist leider nicht mehr nachvollziehbar – die Geschichte dürfte in Militärarchiven begraben liegen, die der Öffentlichkeit nicht zugänglich sind. Wie auch in der Raumfahrt erleben viele Produkte, die eigens für das Militär entwickelt wurden, später eine zivile Nutzung. Diese Pflanze erhielt den Decknamen «Chi» – bei der Armee wurde im wahrsten Sinne scharf geschossen.

In der Küchenequipe der Caserne de Chamblon in Yverdon arbeitete einst eine junge Frau, die ein leidenschaftliches Verhältnis zu einem jungen Rekruten unterhielt, der als Handlanger in den Entwicklungslabors seinen Dienst absolvierte. Das fade Essen dort war ihm schon lange ein Dorn im Auge. Also brachte er seiner Liebsten eines Tages ein Exemplar der geheimnisvollen Schote vorbei und bat sie, diese dem Essen beizumengen. Bei besagter Schote handelte es sich, wie man später erfuhr, um eine Habanero, ein – militärisch gesprochen – ausserordentlich schweres Geschütz, das augenblicklich die Truppe ausser Gefecht setzte. Die Operation «Chi» war somit gefährdet. Natürlich wurde Rekrut Pascal H. nach den akribischen Ermittlungen der Militärpolizei augenblicklich unehrenhaft entlassen, und ebenso selbstverständlich verliess er die Kaserne nicht ohne eine Handvoll Samen. Leider hatte sein Beitrag zur Verfeinerung des Kantinenessens eine eher ungünstige Auswirkung auf seine Liebesbeziehung gezeitigt. In seiner Not schloss er sich dem Rosmarinerorden an und zog sich ins Kloster St. Effisburg zurück, wo er der Küche zugeteilt wurde. Seine Zeit im Labor hatte er genutzt, den Wissenschaftlern auf die Finger zu schauen. Er versenkte die wertvollen Kapseln umgehend in einer abgelegenen Ecke des Klosterküchengärtleins in die Erde, und nach einem Jahr begannen die ersten Pflanzen zu spriessen. H. ging es um die Verfeinerung der Esskultur, denn auch die Mönchskost zählt eher zu den kargeren. Natürlich gediehen die Pflanzen in der freien Natur nicht so gut wie unter Laborbedingungen, sie waren zwar höllisch scharf, blieben insgesamt aber von kleinem

Wuchs, weswegen sie Bruder Pascal «Chili» nannte, also kleine Chis. Von «Chili» zu «chli» ist es nur ein winziger Schritt.
Mittlerweile überzeugter Pazifist, trat er eine Missionarsstellung in Mexiko an, und sein Wissen über die «Chi»-Pflanze nahm er mit nach Tenosique de Pino Juarez in der Provinz Tabasco, dazu einen Sack mit Samen, den er im Handgepäck schmuggelte. In den Sechzigerjahren waren die Kontrollen sehr nachlässig. Seine Idee: Die Ärmsten aus der Dritten Welt partizipieren zu lassen am Reichtum der Ersten. Im tropischen Klima gediehen die Pflanzen prächtig, und da das schweizerische Wort Chili exotisch genug klang, behielten die lernbegierigen Mexikaner den Namen bei. Wie 1876, als der Engländer Henry Wickham rund 70000 Kautschuksamen aus Brasilien ins britische Ceylon schmuggelte und somit das Weltwirtschaftsgefüge veränderte, hatte ein Schweizer mit geschmuggelter Ware eine Entwicklung angeschoben, die sich vierzig Jahre später zu einem wahren Boom auswachsen sollte.

Eine scharfe Reaktion des Militärs blieb aus, man wollte bei dieser Geschichte keinesfalls ins Licht der Öffentlichkeit rücken. Mittlerweile setzt übrigens die indische Armee tränengasähnliche Granaten ein, die mit Bhut Jolokia, dem sogenannten Geisterchili, gefüllt werden.

Pfäffer

Mitteleuropa wird immer schärfer, besonders im Ton, immer häufiger hört man den alten Satz: «Geh dahin, wo der Pfeffer wächst!», oder, etwas vornehmer ausformuliert: in die Herkunftsländer zurückschicken. Jetzt, liebe Goofen, etwas zum Dazulernen: Sicher kennt auch ihr die Redewendung: «Jemandem Pfeffer in den Arsch blasen». Die geht zurück auf betrügerische Pferdehändler, die den Zossen den After mit Pfeffer einrieben, damit diese beim Verkauf feuriger wirkten. Das könnte dem Doping natürlich ganz neue Perspektiven eröffnen – wobei man da bei der B-Probe lieber nicht dabei sein möchte.

Die gepfefferten Preise – geschenkt. Ein Pfeffersteak in Zürich können sich nur ein paar reiche Pfeffersäcke von der Goldküste leisten. Im Baselbiet serviert man ein Gericht namens «Chirsipfäffer» – nein, mit der Krise hat das nichts zu tun. Eher damit, dass mit den Leuten dort gut Kirschen essen ist. Weniger gut Kirschen essen sollte eigentlich mit der Schweizer Armee sein – aber die Theorie der Abschreckung funktioniert nicht immer.

Es heisst, die Schweizer Wirtschaft sei in der grössten Krise seit Jahrzehnten mit einem blauen Auge davongekommen. Vor allem wohl, weil das VBS seine Ramschware an die blöden Schwobe verkauft – kratzige Armeedecken für 143 Euro, Donnerwetter. Schon die alten rostigen Militärgöppel haben sie für teuer Geld im Grossen Kanton entsorgen können. Als Nächstes werden sie es bestimmt mit schrottreifen Jagdfliegern versuchen. Die taugen nördlich des Rheins höchstens zur Wildschweinjagd. Vielleicht sollte man die Armee ganz auflösen und durch Hooligans ersetzen – die sind im Allgemeinen schlagkräftiger. Und haltbarer.

Was sich innerhalb von dreissig Jahren in Mitteleuropa geändert hat, sind vor allem die Eintrittspreise für Kultur – mittlerweile ganz schön gepfeffert, und warumque? Nur damit die Künstler ihre Porsche Cayennes finanziert kriegen. Und die Pfefferstreuer haben sich geändert, was heisst Streuer: Jedes Restaurant, das auf sich hält, hat Pfeffermühlen: «Bonsoir, isch bin Claude, Ihr Maître de poivre 'eute abend …» Die Mühlen hat weltweit Alfred Biolek durchsetzen können. Den kennt man auch in der Schweiz noch, Bio, den Nudelflüsterer – so eine Art männlicher Betty Bossi. Viele haben heute noch ein Foto von ihm in der Küche hängen – zum Abschrecken von Nudeln und Eiern.

In der Schweiz reicht man den Pfeffer gerne in Spraydosen. Nachteil: Das *Reizstoffsprühgerät RSG 3 Pava* wirkt in anderen Ländern schlecht, es ist zu mild! Die schleswig-holsteinische Polizei hat das getestet: Null. Zero. Nüd, keine tränenden Augen, kein rasselnder Husten, nichts. Gut, man kann sich fragen, wie gefährlich eine Waffe schon sein kann, die es als Schlüsselanhänger gibt. Aber anscheinend wurden Rekruten im Wachtdienst mit diesen Dingern ausgerüstet, weil die nicht mit dem bösen Schiessgewehr umgehen können. Für die mag das Zeugs mit seinem sprühenden Charme vielleicht reizend sein – anderswo ist das weniger reizend. So gesehen ist die Schweiz ist kein scharfes Pflaster.

Bibergeil und Otterleben

Besonders wohlschmeckend sind Biber, die mit Seerosen gemästet wurden. Beim Ausweiden muss man freilich behutsam sein, damit man das sog. Bibergeil – ein Sekret aus den Drüsensäcken – nicht zerquetscht, denn das macht das Fleisch bitter. Bibergeil lässt sich gut an Mediziner verkaufen, die es gegen Krämpfe und hysterische Anfälle einsetzen. Anders verhält es sich mit der Bibernelle, deren wichtigste Unterart, Anis, ausser in Bibern in Brot und Backwaren zu Hause ist, aber auch in Pastis, Absinth oder Anisette, was bei anderen Lebewesen häufig zu Anisneid führt. Gerne wurde in früheren Zeiten Biberschlegel mit Trüffeln und Speck gegessen, die man zusammen mit einem Pinot noir aus dem Wallis und einem Aceto aus dem Muotatal in einer Kasserolle gab, alles mit den üblichen Gewürzen, Rüebli, Lauch und Zitronenscheiben – fein geschnitten – kochen liess, bis der Biber weich war.

Dass dieses vorzügliche Gericht in Vergessenheit geraten ist, liegt nicht an den Trüffeln. Immerhin bemüht man sich in vielen Regionen der Schweiz derzeit um eine Wiederansiedlung des Bibers, was in Gourmetkreisen wohlwollend zur Kenntnis genommen wird.

Das ganze ist nicht einfach, denn der Biberist … der Biber ist ein Solothurner. Er tritt also meistens allein auf und hat deswegen Probleme bei der Vermehrung, setzt selbige doch die Anwesenheit eines Partners zwingend voraus. Wenn er jedoch auf ein Weibchen trifft, plagen ihn häufig Krämpfe und hysterische Anfälle. Frühzeitig hat das Buwal (heute BAFU) die Gefahr erkannt und bereits im Jahre 2004 ein *Konzept Biber Schweiz* veröffentlicht. Darin heisst es unter *2.1.:* «Der Biber breitet sich aus, sodass die schweizerischen Teilpopulationen untereinander und mit den Teilpopulationen im angrenzenden Ausland vernetzt sind.» Im Klartext: Mittlerweile können Biber simsen, bloggen, chatten, flickrn, twittern, und nicht wenige haben ihren eigenen Facebook-Account. Das ist weltweit einzigartig, andererseits natürlich beängstigend. Wird der Biber eines Tages seines geringen Aufkommens zum Trotz die Weltherrschaft übernehmen oder einfach nur weiter faul auf seinem Spannbetttuch liegen bleiben? Justin Bieber zum Beispiel ist auf dem besten Weg zur Weltherrschaft. Nicht zufällig sagt der Schweizer, wenn er Angst verspürt: «I ha de Biber!» (auch: «Biberi!»), was nur im Appenzellerland so viel bedeutet wie: «Ich habe einen Lebkuchen!» Glücklicherweise heisst es im *Konzept Biber* unter *2.2, Ziele und Grundsätze:* «Die Biberbestände und ihre Entwicklung werden überwacht (Monitoring).» Über den Biber sind beim BAFU also Fichen angelegt. Das ist beruhigend, denn wohin Überpopulationen bei bestimmten Tierarten führen können, hat man bei der Wiederansiedlung des Otters im Satzbau erleben müssen. In manchen Regionen setzt der Otter mittlerweile kategorisch den Schlusspunkt eines Satzes, otter? Und wird der Otter etwa gemonitort, hat man je von einer Otter-Fiche gehört? Nein, höchstens vom Fiche-Otter, otter? Die Psychologie kennt durchaus die Lutraphobie – das Schlottern vor Ottern.

Biber und Otter haben gemein, dass sie in ihren Glanzjahren von der Kirche als «fischähnliches Tier» deklariert worden waren, was zur Folge hatte, dass man sie auch während der Fastenzeit und an Freitagen verspeisen konnte. Auch dies wirkte sich nicht eben günstig auf die Bestände aus. Bleibt zu hoffen, dass Biber und Otter schon bald wieder Seeufer und Flussauen bevölkern – und natürlich die Speisezettel, otter? Freuen wir uns auf den Tag, da zum Beispiel in Ottendorf ZH das früher so beliebte «Ottervoressen» auf der Speisekarte steht. Dabei wird das Fleisch gewürfelt und in heisser Anke rundum angebraten. Speck würfeln, Zwiebel hacken, beides zwei Minuten andünsten. Lauch putzen und in drei Zentimeter lange Stücke schneiden …

Schoggischock

Die Schokolade hat einen langen und weiten Weg hinter sich von den Azteken zu den Ladentheken. Das «braune Gold» galt einst als Geschenk des Gottes Achtlcoatl an sein Volk. Gerade die wilden, ursprünglichen Kakaosorten haben in den letzten Jahren bei uns Furore gemacht, sie werden handgeschöpft mit Limonenpfeffer oder Kakaosplittern, mit Chili versetzt. Ausgerechnet jetzt drohen Experten mit weltweiten Schokoladenverknappungen, da die Bäume, die Kakaobohnen tragen, sehr anfällig für Krankheiten sind. Hinzu kommt der Kahlschlag der Regenwälder, der die Zahl der Pflanzen radikal dezimiert. Schlimm ist es in Westafrika, vor allem an der Gantenbeinküste, aber auch in Brasilien und Indonesien.

Schokolade soll in absehbarer Zeit wesentlich teurer werden. Ein Schock für die Wirtschaft. Zahnärzte werden durch den Wegfall des allgemeinen Kariesbefalls womöglich zu Sozialfällen. Der Verkehr könnte im Winter zum Erliegen kommen, wenn die Milchstrasse nicht länger gestreut wird. Noch dazu wird der Schokoladenschmuggel fröhliche Urständ feiern, Kartellbildungen drohen wie beim Kokain oder beim Rindfleisch – man denke nur an das berüchtigte Medaillon-Kartell. Mit anderen Worten: Schokodealer. Und die bestimmen dann die Schwarzmarktpreise.

Auch Berufsgruppen wie Satiriker, Kabarettisten, Comedians dürften tangiert werden, wenn sie es sich nicht länger leisten können, ihre Mitmenschen durch den Kakao zu ziehen. Das wird nicht der einzige Schlag sein, den die Süsswarenindustrie zu verkraften hat, natürlich fordert der Klimawandel seine Opfer: Im vergangenen Jahr gab es gewaltige Knickebeinbrüche durch den katastrophalen Hagelschlag im österreichischen Mautgau, und die Franzosen melden einen verheerenden Befall mit Schwipskäfern, was im Klartext bedeutet: keine Cognacbohnen bis zum Ende des Jahrzehnts.

Wird die Kakaobohne zur Rarität, kann die Schokolinse keinesfalls die ganzen Verluste ausgleichen. Doch Gefahr droht der schweizerischen Süsswarenindustrie auch von anderer Seite: Nach Tabak und Alkohol soll es endlich dem Zucker an den Kragen gehen. Da in Sachen Genussfeindlichkeit die Amerikaner nicht nur uns Europäern, sondern sogar den Taliban um Meilen voraus sind, hier rasch ein abschreckendes Beispiel aus dem US-Bundesstaat

Oregon, der schon immer ein Vorreiter auf der Gesundheitswelle war. Raucher werden dort gefedert, allerdings nicht mehr geteert. Auf dem Flughafen Portland werden Neuankömmlinge auf Reisegebäck gefilzt. Amtsbekannte Süssholzraspler werden in Verwahrung genommen. In Corvallis wurde ein Spielhölle mit achtzehn Zuckerwürflern ausgehoben. Im mittleren Oregon haben sich organisierte Süssstoffabhängige in die Wälder zurückgezogen. Am Lake Albert, einem lupenreinen Süsswassersee, üben sie Widerstand durch reines Zuckerschlecken bis hin zur Glukose-Narkose. Alle Greyhound-Busse haben Nascher und Nichtnascherabteile eingeführt, die Nascher müssen sich ausweisen, Wiederholungstäter sich einweisen lassen in Entzugskliniken, wo ihr Süssstoff gegen Sauerstoff ausgetauscht wird. Chocoholics müssen sich einmal die Woche zur Blutzuckerkontrolle melden – «it's the law»!

Schreckliche Aussichten für die Schweizer Süsswarenindustrie. Vielleicht ist Schokolade demnächst nur über den Gesundheitsmarkt zugänglich – wo sie einem in Wellnesstempeln einmassiert wird. Damit wäre sie da, wo sie vor über einhundert Jahren schon einmal war: Im medizinischen Bereich. Damals galt Schokolade als Wundermittel gegen Depressionen. Und die dürften sich bei den meisten Zeitgenossen schlagartig einstellen, sobald die Schoggi knapp wird, oder? Als Charlie Chaplin 1953 sich in der Schweiz niederliess, so berichtete seine Tochter Geraldine bei einem Empfang im Kölner Stollwerck-Museum, mochte er die Schweizer Schokolade überhaupt nicht. Er liess sich welche aus den USA einfliegen und bunkerte sie an einem geheimen Ort, der der Familie nicht zugänglich war.

Global Obst

Bald soll es endlich in unseren Breiten so heiss werden wie in den Tropen. Das versprechen uns die grüne Barfussprediger seit Jahren in die Hand. Vielleicht erwärmt sich die Erde tatsächlich schneller, weil es zu viele soziale Brennpunkte gibt. Nun die gute Botschaft: Wenn sich bei uns das Klima erwärmt, brauchen wir gar keine Treibhäuser mehr. Besser noch: Limonen und Ananas, Drachenfrüchte und Kiwis sind dann Produkte aus der Region. Das gilt natürlich auch für Cannabis, Haschisch: Gerade in der Schweiz werden Grasplantagen und Gewächshäuser von der Polizei hopsgenommen, neulich erst in Niederbipp. Drei Personen wurden verhaftet: Der mutmassliche Drahtzieher aus den Niederlanden und zwei transnistrische Erntehelfer. Wenn das keine 1-a-Globalgeschichte ist, ein internationales Jointventure – was dann?

Seit ein paar Jahren werden auch in der Schweiz zur Sommerzeit zum Glück an irgendwelchen idyllischen Flussläufen Sandstrände aufgeschüttet, Latin Lover lieben den legendären Lido der Limmat, mit

Pizza, Palmen, Pipapo. Das Ganze heisst Beach und passt super zu den Gesellschaftsformen, die immer mehr Gestrandete produzieren. Selbst die Mixgetränke sind total global: Chili-Bier, Bananen-Weizen, Broccoli-Wodka.

Mitten im dicksten Winter können wir in die Karibik abhauen, ohne die Stadt verlassen zu müssen. In den Supermärkten finden wir leckere Früchte mit Migrationshintergrund: Cherimoyas, Curubas, Durians, Granatäpfel, Guaven, Jackfrüchte, Kaktusfeigen, Kapstachelbeeren, Karambolas, Kiwanos, Kumquats, Litschis, Loquats, Mangostanes, Nashis, Paraguayos, Pitahayas, Rambutans, Salaks, Tamarinden und Tamarillos, was an den Registrierkassen zu unvergesslichen Szenen führt, wenn die Kassiererin eine Flugpapaya in die Höhe streckt (Riesenoschis im Gegensatz zu denen, die sich zu Fuss herbemüht haben) und ruft: «Melanie, was ist das?», und Melanie zurückschreit: «Gib mal die 45 ein!»

Ab 2014 wird jedem Bürger nur noch alle fünf Jahre eine Fernreise gestattet. Was bleibt uns also anderes übrig, als die Tropen einfach ins Land zu holen? Chilis, Mangos, Mungos, Strände, Palmen, Adoptivkinder. Und Salsa. Salsa bitte nicht verwechseln mit Samba. Samba kommt aus Brasilien, das ist das Land da unten in Südamerika, wo auch der Pfeffer wächst und wohin alleinstehende Onkels gerne reisen, seitdem die Polizei in Thailand, Vietnam und Kambodscha genauer hinguckt. Hierzulande kennt man *Samba Pa Ti* und *Samba Oelek.* Samba gibt es nicht erst seit gestern in Mitteleuropa, genau genommen wurde der Sambavirus bereits 1977 unabsichtlich von Missionaren des Abusustienserordens eingeschleppt.

Uncle Sam, Uncle Bens Reis, Uncle Toms Hütte, das ist uns alles vertraut, Toffeefee und Tofufu sind ebenso wie Mangopackungen ohne Probleme hier erhältlich, ebenso wie Ebola, Lassa-Fieber oder die Legionärskrankheit. Die Malaria Tropica gibts auch mal zum Superschnäppchenpreis.

One World.

Olive, Avocado

Oliven gedeihen vorwiegend auf Bäumen, die nicht in den Himmel wachsen. Nicht mal gescheit daran aufhängen kann man sich. Dafür schmecken Oliven lecker, allen voran die Gaeta aus Ligurien. Manche kommen bevorzugt in Martinis vor, das Gros der Oliven ist jedoch dazu verdonnert, zu Öl gepresst zu werden. Die Termine werden in der Olivenpresse veröffentlicht. Die Schweizer Ölreserven sind sicher, auch dank innovativer Rapsideen und einer bestechenden Sonnenblumenkernkompetenz. Das beste Olivenöl wird in Lucca in der Toscana gewonnen, es ist sogar weit besser als das von den Bohrinseln vor der ligurischen Küste. Die Überlebenden werden gesalzen, eingelegt, mariniert. Man unterscheidet in grüne und schwarze Oliven. Die grünen sind die unreifen, die schwarzen überreif, also längst fällig. Es gibt grössere und kleinere, Letztere heissen Olivetti. Sie sind die ältesten dem Menschen bekannten Früchte, die Ölbäume aber wurden – jetzt kommts! – von den Römern in die Provinz Raetia gebracht, wo sie am Ufer des Vierwaldstättersee prächtig gediehen, vor allem nahe der Stadt Augusta Hergiswilum. Der

Ölbaum wächst als genügsame Pflanze praktisch überall da, wo der Boden ölhaltig genug ist, worauf die zahlreichen, durchaus hässlichen Ölbohrinseln vor der Hergiswiler Küste ja hindeuten. Im Alter wird der Baum häufig so knorrig wie die Leute, die ihn abernten. Bei ihrem Abzug allerdings hatten die Römer die Oliven vollständig vergessen, sie hatten auch anderes zu tun, und Jahrhunderte sollten ins Land gehen, bis Händler sie über die Alpen verfrachteten, wo sie sich rasch grosser Beliebtheit erfreuten: Der Olea europea war wieder zu Hause angekommen, aber ohne die Hilfe der Hergiswiler hätte er es nicht geschafft. Immer wieder anbrandende Behauptungen, die Olive sei wie die Kartoffel aus der neuen Welt zu uns gekommen, an Bord eines Schiffes des Eroberers Simon Olivar bzw. aus Olivien – hier widersprechen sich die Wissenschaftler sogar –, entbehren jeglicher Grundlage, nicht einmal die neunmalklugen Olivenkernspintomografen vermochten dem Thema erhellende Aspekte zu vermitteln. Die Geschichte der O. wird wohl nie ganz aufgeklärt werden können – harte Schale, harter Kern.

Ähnlich schlimm verhält es sich bei der Avocado. Die wurde zwar schon im alten Rom angebaut, geriet aber bald in Vergessenheit, weil die Römer sogar in ihrer Hauptstadt anderes zu tun hatten. Nur ein ambitionierter Legionär, der einen Narren an ihr gefressen hatte, nahm ein paar mit über alle Berge und pflanzte diese im geradezu mediterranen Klima rund um den Flecken Dürrenast am Thuner See an, wo sie trotz ihres sperrigen Namens – Persea gratissima – prächtig gedieh. Leider beginnt der Baum erst nach zehn Jahren Früchte zu tragen, da war der tapfere Legionär längst wieder im Süden. Nicht mal sein Name ist überliefert. Eine Hausfrau nahm sich der Frucht an und nannte sie «Butterbirne». Geschmack und Nahrhaftigkeit sprachen sich in Windeseile herum. Ein paar Jugendliche, die nichts zu tun hatten, machten sich indes einen Spass daraus, die Avocados aus den Bäumen zu schiessen: Unten angelangt, waren sie Mus, ein Mus, das unglaublich gut schmeckte, wenn man sich erstens beeilte, denn schnell werden die Früchte braun, und es zweitens mit Limettensaft, Knoblauch usw. versah und umgehend vertilgte.

Die Avocado ist schnellwüchsig und gedeiht bevorzugt in trockenen Gebieten, also speziell am Thunersee, wo die Menschen einen trockenen Humor ebenso schätzen wie einen trockenen Wein. Um ihre Herkunft entbrannte freilich Jahrhunderte später ein heftiger Streit, der ein Heer von Rechtsgelehrten auf den Plan rief, die sich um Sortenschutz, Patentrechte und ähnliches stritten. Da der Rechtsanwalt auf Italienisch «avvocato» heisst, hatte der Volksmund rasch den passenden Spitznamen parat. Natürlich stammt die Frucht aus dem Heiligen Römischen Reich, aber ohne das Know-how der Eidgenossen hätte sie niemals den Status erreicht, den sie heute innehat.

Duschfrühstück

Die Frühstücksgewohnheiten haben sich verändert. Es gibt immer mehr Singles, die sich sich ausserhalb ihrer vier Wände verköstigen. Selbst Väter suchen genervt das Weite. Unterwegs zu frühstücken ist einfach geworden in Zeiten, da Versorger wie Starbucks das Land Block für Block einnehmen. Sowieso sind die meisten Mitbürger morgens regelmässig massiv knapp dran. Eile frisst Energie, schon der Wecker kommt wie eine kalte Dusche. Wer in der Früh' Zeit sparen will, dem sei das Duschfrühstück empfohlen, das innovative Alltagsdesigner in Zürich West entwickelt haben: Frühstück unter der Dusche, damit der Morgen flüssiger wird. Und so funktioniert das Ganze:

Man beginnt den Tag mit einem Espresso, in dem der Löffel senkrecht stehen kann. Dank des Duschregens bewegt er sich rasch zum Americano. Teefreunde hängen sich zwei, drei Beutel gleich oben an den Brausekopf. Halt: Orangensaft darf nicht fehlen: Einfach einen Würfel Saftextrakt in den Zahnputzbecher – ein kurzer Guss erledigt den Rest. Vorteil dieser Zubereitungsmethode: der extrem niedrige pH-Wert.

Nun zur festen Nahrung: Ein imprägnierter Toast stellt auch den anspruchslosesten Frühstücksmuffel zufrieden. Der Schwamm aus Hartweizengriesbuchmaismehl schmeckt schleckermäuligen Warmduschern mit Schokoladenduschgel am besten. Gesundheitsbewusste greifen eher zum vollintegrierten Vielfruchtshampoo, Haarwaschmittel und Marmelade in einem. Zeitgenossen mit ausgeprägten Marmeladenphobien können sich die ganze Chose mit Salami- oder Brie-Aroma in die Haare schmieren und so ihre Haaretermingeschäfte in einem Aufwasch erledigen. Zu Käse generell so viel: Zwar hat die Forschung längst den abwaschbaren Gouda entwickelt, aber um ganz sicherzugehen, isst man statt der Scheiben nur die Trennfolien. Am Geschmack ändert sich nichts. Ähnlich verfährt man bei Wurstwaren: Die eingeschweisste Lyoner mundet mit Verpackung sogar noch besser! Die wasserabweisenden Croissants aus dem Mikrowellen-Flagship-Store dazu schmecken sauber und überzeugen sogar den abgebrühtesten Duschgourmet.

Eier kochen Sie am besten gleich im Boiler mit. Fehlt noch was? Das Müesli? Leider sind bisher noch keine wasserresistenten Flocken entwickelt worden, die Forschungslabore arbeiten intensiv daran. Was ist eigentlich mit der Zeitung? Zeitung – unter der Dusche? Sie wollen Ihren Hunger stillen, den Körperpflegenotstand beseitigen und sich obendrein noch informieren? Heutzutage ist alles möglich! Kleben Sie die entsprechenden Seiten einfach mit durchsichtiger Folie, selbstklebender selbstredend, auf die Kacheln und bemühen Sie sich um einen wasserabweisenden Blick. Empfehlenswert auch die neuen Krimis, die es als Duschvorhänge gibt: So spannend war es seit *Psycho* in Ihrer Nasszelle nicht mehr.

Durchschnittliche Zeit für das Duschfrühstück: fünfeinhalb Minuten. Also in jedem Fall schneller als das Bad in der Menge mit integriertem Brunch. Gereinigt, gesättigt und wohlinformiert verlassen Sie Ihre Duschkantine. Ein Leben in Saus und Brause. Wirklich enorm quick und feuchtfröhlich dazu. Endlich können Sie morgens ohne schlechtes Gewissen länger liegen bleiben und sich nie mehr mit der Frage quälen, ob Sie noch ganz sauber sind. Das Duschfrühstück ist ein Schauermärchen, sollten Sie unbedingt mal probieren!

Cola

Die Schweizer sind ganz gross darin, Geheimrezepte zu entwickeln, aber miserabel bei der Sicherung der Patente. So weiss zum Beispiel kaum jemand, dass die berühmte Cola aus Atlanta, Georgia, in Wirklichkeit dem Forschungsdrang eines gebürtigen Baslers entsprang, der 1882 frustriert seine Heimat verliess, weil er in den Labors eines aufstrebenden Pharmaziekonzerns keine Zukunft für sich sah. Basel war zu jenem Zeitpunkt bereits ein beliebter Handelsstandort, wo man sich unter anderem auf die Nachfrage nach Kolonialwaren konzentriert hatte. Heil- und Genussmittel wurden gemeinhin als «Drogen» bezeichnet. Allerdings war das Zunftwesen lästig. Grosshändler traten meist der Zunft zu Kaufleuten bei, Kleinhändler der Safranzunft, und Händler mit medizinischen Sortiment der Zunft der Apotheker. Als der junge Pharmakologe Konrad Karl Kohler sich selbstständig machen wollte, hiess man ihn, für eine hohe Ablösesumme die Zunft zu wechseln, weshalb er kurz entschlossen seinem Bruder Philipp nach Amerika folgte. Allerdings nahm er die Rezeptur sowie eine Probe eines Elixiers mit nach Übersee, das ihm viel versprechend erschien: Vanille, Alkohol, Orangenöl, Zitronenöl, Muskatöl, Bitterorangenöl und Zimtöl ergaben zusammen mit Rheinwasser eine grossartige Mischung, mit der er den Erfrischungsgetränkemarkt in den USA zu revolutionieren gedachte. Aber wie das oft passiert in der Fremde: Er hatte zwar alle Zutaten beisammen, trotzdem schmeckte das Gesöff anders als zu Hause. «Elixier, so ich dir!», sprach er. Was fehlte, war das Basler Rheinwasser, das die Mischung so besonders machte, was wohl damit zusammenhing, dass bis 1945 sämtliche festen und flüssigen Abfälle in den Rhein gekippt wurden. Kohler suchte nach Substituten und fand sie nach monatelangen Versuchen schliesslich im Harz der Cocapflanze. Dieser gesellte er zwei eher exotische Zutaten hinzu, nämlich Limettensaft und Korianderöl, und fertig war die Mixtur, die eines Tages den Weltmarkt beherrschen sollte, und von der man heute noch behauptet, dass sie einen Pferdekadaver aufzulösen in der Lage ist, der von sieben Hornissen gestochen wurde.

Nur sollte der wackere Kohler nicht viel von seiner Erfindung haben – aber wenigstens trägt sie andeutungsweise seinen Namen. Die Überfahrt und die ersten brotlosen Jahre hatten seine Ersparnisse aufgebraucht, so dass er das Rezept 1885 an den morphiumsüchtigen Apotheker John Pemberton verkaufte.

Der liess das Gebräu patentrechtlich schützen, die Geschichte ist bekannt.

Ausgleichende Ungerechtigkeit: Das Topgetränk des Schweizer Binnenmarktes stammt ursprünglich aus Amerika. 1891 folgte ein junger Bündner dem Ruf der Ferne. Jahre zuvor hatten bereits sämtliche Verwandte ihr Bündner Bergdorf verlassen und sich in den Rocky Mountains angesiedelt, denn bekanntlich suchen Auswanderer immer Plätze mit ähnlich extremen Bedingungen wie die, derentwegen sie ihre Heimat verlassen mussten. Den wilden Fluss im abgeschiedenen Tal in der Nähe von Telluride nannten sie in Anlehnung an ihre Heimatgemeinde River Vella. Das Vella Valley war mit wild wuchernden Kräutern überzogen, die gepflückt, zu Tee verkocht, zufällig als Kaltgetränk probiert und schliesslich gefeiert und begehrt wurden, was sich flugs herumsprach, und bald fand sich ein Vertreter eines Limonadenkonzerns ein, der ihnen für das Rezept das Blaue vom Himmel versprach. Das aber interessierte die Bauern nicht, und überhaupt war ihnen der Himmel über Colorado schon längst nicht mehr blau genug, weswegen sie sich an die Rückkehr in die geliebte Heimat machten, nicht ohne dem Konzern für teuer Geld eine liebevoll gefälschte Rezeptur zu verkaufen. Das wahre Geheimnis nahmen sie mit zurück in die Alte Welt. Graubünden indes erschien ihnen zu rau, weshalb sie sich im milderen Klima des Kantons Zug ansiedelten. Heute gilt Rivella als Schweizer Nationalgetränk und Coca-Cola als amerikanisches – Tatsache ist, dass es sich eigentlich exakt anders herum verhält.

Ägyptische Wochen in Andermatt

Die Urner Urchuchi ist im Wandel, selbst im Urserental strebt die Erlebnisgastronomie neuen lukullischen Höhepunkten zu: Mit den «Ägyptischen Wochen» im Löwenpick-Restaurant kommt der Feinschmecker voll auf seine Kosten – und die sind reichlich bemessen, muss das ganze Sortiment an Speisen und Getränken eigens aus dem fernen Sawiristan herübergeschafft werden bzw. -geschifft. Die Küche weist mindestens ebenso viele Abwechslungen wie Kalorien auf: Sesampaste, Puffbohnensalat, traditionelle Gerichte aus Fotolinsen, mumifizierte Spezialitäten vom Oberen Nil noch aus der Zeit der Königin Nitribitt wie zum Beispiel in Rosensirup ertränkte und frottierte Teigfinger oder den «Ramsesburger». Nicht zu vergessen das Nationalgericht: «Nilpferdtortellini in Rotweinsauce». Da viele Ägypter offiziell keinen Alkohol trinken dürfen, essen sie ihn. Ähnliches gilt für «Tabule mit Arrak», «Hummus mit Arrak» oder «Arrak in Arrak» – hier wird es aber schon wieder heikel. Mancher Einheimischer dürfte sich auch an Fout-medanes erfreuen, das sind gekochte Pferdeäpfel mit Öl und Zitrone. Excusez:

Pferdebohnen muss es korrekterweise heissen. Vorsicht ist bei den überall präsenten Kichererbsen geboten: Übermässiger Genuss kann hier unkontrollierte Fellachen auf den Plan rufen. Vom unteren Nil kommen «Gazastreifen Hausmacher Art» oder «Pürreemiden allah Gizeh», eine etwas gewagte Konstruktion. Allgegenwärtig ist der Hammel. Da das Schächten im Urserentat noch nicht gerne gesehen wird, versucht man Wölfe aus dem Wallis herüberzulocken. Zwischenzeitlich könnte man sich eine Portion «Dolma» einverleiben: Das ist in Weinblätter eingelegtes Fleischhaschisch. Mit Arrak. Dazu trinkt man am besten ein Glas Hahnenwasser – der Gourmet weiss: Wasser vom Nil ist nasser.

Vor allem der Service stimmt: Älteren Besuchern aus dem Grossen Kanton ist er aus der schönen Zeit von El Alamein in guter Erinnerung. Kaum ruft man nach der Beduinung, schon steht ein dienstbarer Geist stilecht im Kaftan vor einem, um einladende Worte auszusprechen. Wiewohl Alkohol aus religiösen Gründen kaum geduldet ist, verschmäht der Ägypter einen edlen Tropfen nicht: In Andermatt hat man erstmals die Möglichkeit, den legendären «Omar Khayam», einen hochmögenden Kamelhaarwein aus der Region Beni Suef, zu probieren: sehr schwer, sehr aromatisch und etwas fusselig im Abgang. Da hilft Arrak. Ob den Kopten die Kultivierung der

Alexandriner Rebe gelungen ist, mag jeder selbst entscheiden, der Getränkekellner kommt jedenfalls burnusmässig mit der Flasche vorbei. Wer das übliche Gedattel leid ist, sich aber der unstabilen Verhältnisse in Kairo wegen lieber den Feigen zurechnet, der dieses Land eher nie bereisen möchte, für den sind die «Ägyptischen Wochen» genau das Richtige. Das Ambiente ist geradezu biblisch: Volkszähler irren umher, in jeder Ecke steht ein geflochtener Korb mit einem schreienden Findelkind, und überall gilt es den brennenden Dornbusch zu schauen. Original Kairoer Abgase – frisch vom Fass – runden das morgenländische Flair ab. Dazu ein virtuoses Hupkonzert. Die Zahlkellner machen mit dem Sharm des Sheikhs keinen Fez, die Rechnung gibt es auf Originalpapyrus.

Ein Abu Simbel, der sich das entgehen lässt, und Ignoranten gehört streng genommen eins hinter die Falaffel. Die «Ägyptischen Wochen» sollen erst einmal bis Sphinxten dauern, können aber bei Erfolg auf unabsehbare Zeit ausgedehnt werden. Hamdullah – ein bisschen Luxor hat noch keinem geschadet. Mit Arrak, natürlich.

So kochen die Nachbarn
Deutschland

Der nördliche Nachbar präsentiert sich häufig als Servicewüste voller verschnarchter Dienstleister, Lächeln im Schlafrock. In vielen Restaurants kriegt man nach wie vor sein Fett – Schnitzel sei's Panier! –, und über den meisten Durchreichen zwischen Küche und Service hängt die gute, alte Petersilienberegnungsanlage. Dass es aber auch anders geht, beweist die steigende Zahl von Sterneköchen. Die Geschmacksarchitektur des Landes hat sich dank der Lafers, Lichters und wie sie alle heissen gebessert, der Normalverbraucher hat sich in jahrelangen Selbstversuchen den Shiitakepilz erarbeitet und geradezu radikalen Artischocktherapien unterworfen. In vielen Küchen gehören Fleur de sel und riesige Pfeffermühlen zur Grundausstattung, Pfeffermühlen, die so lang sind, dass man im Wohnzimmer drehen muss, will man im Speisezimmer fein Gemahlenes punktgenau auf den Teller lancieren. Einbauküchen sind wichtiger als Ausbaustrecken, das Fünfgangmenü zieht das Gros der Deutschen längst der Fünfgangschaltung vor.

Die Deutschen bewegen sich erstaunlich selbstbewusst auf internationalem Parkett. Dabei war sich jahrzehntelang alle Welt einig: Was diese Leute am besten kochen können, ist – Stahl. Staudensellerie – viele haben das für einen Imperativ gehalten! Vor 25 Jahren wusste ennet der Grenze kaum einer, dass Linguisten, Linguini, Ligurer und Langusten völlig verschiedene Dinge sind. Oder Basilico und Balsamico. Carpaggio, Cappuccino, Catenaccio – was davon ist koffeinhaltig? Das beliebteste Essen der Deutschen bleibt jedoch das sog. «Stammessen» – als wären sie ein Volk von Bibern! Auch sprechen wir von einem Land, in dem man für eine einfache Mahlzeit das Wort «Gericht» bemühen muss. Schlägt man im Duden «Rezept» nach, landet man unter anderem bei «Kochvorschrift». Die Neigung zur Depression manifestiert sich in den Brotsorten: Schwarzbrot. Graubrot. Kommissbrot.
Hemmungen vor bzw. Berührungsängste mit der Ethnoküche kennen sie kaum mehr, selbst in Rottweil kann man mittlerweile hinter schwäbischen Gardinen asiatisch essen, ohne dabei des rustikalen Ambientes verlustig zu gehen. Es gibt nur wenige Politiker, die Estragon für das amerikanische Verteidigungsministerium halten. Immer seltener erlebt man Zeitgenossen, die allerlei durcheinanderbringen, und nicht selten verschlimmern die unzähligen Kochsendungen die Verwirrung nur.

Eine persönliche Anmerkung: Der Autor ist in der Gastronomie aufwachsen, im Grossen Kanton. Grosseltern, Eltern, Verwandte, alle machten in Hotels, wie man damals sagte, in Restaurants und Konditoreien, zielstrebig hat man sich dabei leider von oben nach unten gewirtschaftet, die ganze Palette vom Grandhotel zur klassischen Altölgaststätte, in der einmal im Jahr dieses verheissungsvolle Fähnchen über dem Eingang hängt: «Unser Pommes-frites-Fett hat gewechselt! Le pomfritfett nouveau est arrivé!» Sossenfix, eingedoste Prinzessböhnchen, Schweinesteak Westmoreland, die ganze Palette. Dieses Buch zum Thema Essen ist folglich auch Vergangenheitsbewältigung.

Österreich-Ungarn

Österreich kann mit der Kochkunst «kei Leiberl reissen». Das ganze Land beherbergt nicht einen Dreisternekoch. Die wichtigste Köche wurden in Deutschland ausgewildert – Sarah Wiener, Johann Lafer – bis auf Johanna Maier, deren Hotel Hubertus im hintersten Pongau dermassen weit vom Schuss liegt, dass es sich bis dorthin noch nicht herumgesprochen haben kann, dass eine «Haute Cuisine d'Autriche» nicht existiert. Dank der stets grimmigen Winde, die aus dem Osten herüberblasen, müssen Austrias Chef selbst am Herd dicke Handschuhe tragen, was der Finesse abträglich ist. Dieser Not ist wahrscheinlich auch die verzweifelte Idee eines Gastwirtes aus der Region Amstetten geschuldet, der zum Auftakt des Inzest-Prozesses gegen Josef F. das «Fritzl-Schnitzel» auf seine Speisekarte setzte. Immerhin kommt es gelegentlich zu Momenten der Selbsterkenntnis wie etwa im 79er-Jahr, als das österreichische Magazin *profil* erkannte: «Ein Jahrhundert lang sucht die Wissenschaft nach dem fehlenden Glied zwischen Affe und Mensch. Jetzt scheint es gefunden: Wir!»

Glücklicherweise haben sich die Austriaken vor Jahrzehnten schon der Nachspeisenkultur gewidmet. Während anderswo Dessertköche und Patissiers die klare Linie verlieren und «Variationen von» und «Konvents aus» anbieten und mit abenteuerlichen Kreationen auf Sterne schielen (dabei tun es Zimtsterne auch), blickt man in Wien auf das Wesentliche. Österreich kommt dabei gemeinsam mit den immer selbstbewusster auftretenden ungarischen Nachbarn gezielt voluminös und gewichtsorientiert daher. Leichte Schmankerln? Aloe-Vera-Erdbeerjoghurt-Torte? Pustekuchen! Tortenguss aus der Retorte? Ah geh! Die Quarkfixierung der Wiener ähnelt der der Budapester, die Dessertkapitale St. Powidl am Griessmödler See liegt nur eine halbe Stunde von Sopron entfernt, und die Strudel des Neusiedler Sees gehören seit jeher zu den Höhepunkten der k. u. k. Küche. Hier spürt man ihn noch, den Kaiser, und es hat etwas Beruhigendes, dass er nicht auf den Nachnamen Beckenbauer hört. «K. u. K.» steht natürlich für Kipferl und Kuchen, in diesem Fall den Fettnapfkuchen, die gute alte Widersachertorte, mit reichlich Schlagobers, das ist nur die Spitze des Eisbechers, man gönnt sich Ruhezonen für den Hefeteig, Süssstoff ist beiderseits der Grenze geächtet.

Nun sagt ein ungarisches Sprichwort: «Adam hat den Apfel gegessen, und uns tun die Zähne davon weh.»

Karies ist bei den Süssen immer ein Thema, weswegen man in Sopron ein kluges Marketingkonzept ersonnen hat. Warum nicht beides koordinieren? In den Sesseln der örtlichen Dentisten entfaltet die Stadt einen betäubenden Charme. Nirgends sieht man mehr verzerrte Mienen auf den Strassen als hier, und trotzdem wirken die Menschen glücklich, geradezu gelöst angesichts der aberwitzigen Beträge, die sie sparen können. Da blitzt so manches Lächeln auf, weil viele, die jetzt dental total gut drauf sind, ihre neue Porzellanpracht spazieren tragen. Als ehemalige k. u. k. Monarchie versteht man sich vorzüglich auf Kronen, auch die Füllungen werden traditionell nach alter Rezeptur zubereitet.

Frankreich

Ihr ausgeprägtes Selbstbewusstsein hat alle Welt stets fasziniert, die Franzosen waren immer stolzer und selbstbewusster als zum Beispiel die Schwobe. Sie haben öffentlich die Bouillabaisse abgesungen und sich nie mit Béquerellen aufgehalten, obwohl das Wort so schön französisch tönt. Die Frage ist, ob die Franzosen ihr Essen überhaupt beurteilen können, da sie bei der Nahrungsaufnahme selten nüchtern sind. «Poisson sans boisson est poison» behaupten sie, Fisch ohne Getränk ist Gift.

Die charakteristische Sauce zum «Entrecôte de Paris» stammt tatsächlich aus dem Genfer «Restaurant du Coq d'Or», und Absint stammt aus dem Val de Travers. Die Franzosen betrachten diesen schönen Planeten als kaltes Buffet. Obendrein essen sie alles, was vier Beine hat, mit Ausnahme von Tischen und Stühlen, und selbst das ist nicht gesichert. Es gibt faktisch nichts, was sie sich nicht in den Rachen stopfen, und nicht nur sich, sondern auch ihren Gänsen. Bei den Nachfahren der Franzosen in Louisiana, den Cajuns, heisst es: «Ich esse alles, was mich nicht isst.»

Der Franzos' ist ein gefürchteter Jäger, in Frankreich passieren folgerichtig die meisten Jagdunfälle europaweit. Auch Aas verschmäht er nicht.

Die Franzosen sind ein erstaunliches Volk: Sie fressen, als gäbe es kein Cholesterin, saufen, als wäre die Leberzirrhose noch nicht erfunden, rauchen, als wäre Lungenkrebs verboten, und machen rum, als gäbe es kein Aids. Et voilà: Es funktioniert! Nein, zimperlich sind sie nicht, Sentimentalitäten sind ihnen fremd, Stopfleberkritikern stopfen sie rüde das Maul, und wenn sie Schildkrötensuppe servieren, müssen die armen Tiere nicht zwingend aus Freischwimmerhaltung stammen. Wenn also mal wieder so ein Öko-Schlaumeier daher kommt und schäumt wegen der barbarischen Zubereitung von Froschschenkeln, grinsen sie frech. «Malbouf» – mieser Frass, das ist das schlimmste, was einem Franzosen im Leben widerfahren kann. Eine Gruppe bedeutender Persönlichkeiten hat jetzt den Papst gebeten, die «Esslust» zumindest in der französischen Übersetzung nicht als eine der sieben Hauptsünden einzustufen. Spass am Essen sei vielmehr eine Tugend, weshalb «gourmandises» unter den Hauptsünden durch «gloutonnerie», also Fressgier ersetzt werden sollte. Unterzeichnet haben u. a. der Küchenpapst Ducasse und der Maler Botéro.

Italien

Das Bel Paese wurde jahrzehntelang überschätzt. Sicher hat Italien Spitzenköche vorzuweisen, den TV-Star Gianfranco Vissani, Martello Frangivetri aus Cisalpino oder Moreno Cedroni aus Senigallia an der Adriaküste. Der einzige Dreisternekoch in Rom aber heisst Heinz Beck und stammt aus Altötting – extrem nördliches Italien. Unlängst mussten sie sich sogar von einem englischen Dreikäsekoch namens Jamie Oliver erklären lassen, wie man anständig kocht.

Ohnehin hat nicht die Spitzengastronomie Italien auf die kulinarische Landkarte gebracht, sondern die Hausfrauenküche, denn wer hat in Italien tatsächlich das Sagen? Die Mamma! Das war schon immer so: «Kennst du das Land, wo die Matronen glühn?» Ohne die Mamma – vergiss es! Schon bei Nero hatte sie den Daumen drauf, der durfte z.B. nie Mädels in den Palast mitbringen. Sie wissen, was aus Rom geworden ist, und selbst dafür musste er seine Mutter noch um Streichhölzer anbetteln. Michelangelos Mamma hingegen brachte ihrem Filius jeden Mittag um halb zwölf Foccacine in die Sixtinische Kapelle, ohne Foccacine wäre aus den verdammten Fresken nie etwas geworden.

Jeden Sommer aber entsteht auf dem Stiefel wegen der Caprese-Leidenschaft der Italiener ein Mozzarella-Engpass. In Bad Bibra in Sachsen produzieren sie seit einigen Jahren Cagliata, einen feinporigen Käsebruch, der in Blöcken aromaversiegelt und von Sachsen nach Italien hinunter transportiert wird, wo die Cagliatakrümel dann mit heissem Wasser überbrüht und unter stetem Rühren zu weissen Mozzarellawürsten verarbeitet werden. Eine bekannte deutsche Kanzlerin lädt ihre Gäste gerne ins Berliner Restaurant Lochner ein. Spezialität des Hauses: «Blutwurst *Rossini*». Auf Italienisch klingt immer alles viel besser. Armeleuteküche? Pah! Cucina povera! Die Älteren müssen dabei gleich an Ricchi e Poveri denken und damit an lange zurückliegende Ferien voller Glück.

In der Gastronomie blicken die Italiener auf grossartige Traditionen zurück. Ein gewisser Salvatore Paolini aus den Abruzzen hat schon Adolf Hitler das Essen auf dem Obersalzberg serviert. 2006 haben die Italiener endlich wieder einmal bei der Pizza-WM gewonnen, nachdem der Wettbewerb in den letzten Jahren von den Japanern dominiert worden war;

2003 zum Beispiel wurde Makato Onishi, 23, in Neapel zum «besten Pizzabäcker» der Welt gekürt – vor zwei neapolitanischen Kollegen. Die Azzuri haben in Salsomaggiore Terme bei Parma nur beim Synchronbelegen keine Medaille gewonnen. Unter den 350 Pizzaioli waren nämlich auch Deutsche – die beim Pizza-Biathlon punkten konnten. Aus 300 Meter Entfernung werden Oliven in den Teig geschossen, danach muss man auf Inlinern lossprinten. Biathlon ist ja die klassische deutsche Sportart: schiessen und weglaufen.

Für Italien gilt schlussendlich, was für viele Länder des Südens gilt: Nirgendwo ist die mediterrane Stimmung ausgereifter als am Mittelmeer.

Liechtenstein.li

Liechtenstein sollte man nicht verwechseln mit Lichtensteig SG – das toggenburgische Städtchen ist bekanntlich grösser. Ohnehin sind diesbezüglich alle Witze gemacht. Trotzdem muss man festhalten: Liechtenstein ist so klein, dass man dort nur mit Mikrowelle kochen kann. Tatsächlich wurden viele der leer stehenden Bankschliessfächer längst umgerüstet, seit nach der Bankenkrise 2008 einige bilatrinale Abkommen gekündigt wurden und viele Stiftungen stiften gingen. Über Jahrzehnte war die Hauptstrasse Nr. 28 auch als «Halbseidenstrasse» bekannt.

Die geringe Grösse dominiert alle Bereiche: Spaghettini statt Spaghetti. Der Raumnot geschuldet ist natürlich auch der exzessive Gebrauch des Diminutivs, der alle Bereiche erfasst hat. Dem kommt das nationale Internetkürzel .li entgegen: Pastet.li, Rüeb.li usw. Manchmal treibt die Kürzelwut auch sonderbare Blüten, lange Zeit konnte man schweizweit Einsatzfahrzeuge einer Sicherheitsfirma aus Vaduz beobachten, martialische Superjeeps im

Panzerlook, auf denen gross über die gesamte Seitenansicht für die Homepage des Unternehmens geworben wurde: www.bodyguard.li.

Gesandwicht zwischen Österreich und der Schweiz, hatte man hier die Chance, die Unarten zweier völlig unterschiedlicher Länder zu übernehmen. Trotzdem lässt sich im Liechtentum Fürstenstein auch fürstlich tafeln, allerdings ist das mit Kosten verbunden, denn anders als sein Amtskollege in Monaco anlässlich der Hochzeit (auch bekannt als «Wundersame Brotvermehrung 2.0») hat sich das Oberhaupt noch nie zu einer Volksverköstigung herabgelassen.

«Liecht» übersetzt sich keinesfalls mit «leicht», unter den verbliebenen Bankern finden sich nach wie vor Schwergewichte und nicht wenige schwere Jungs, und die bevorzugen schwere Kost wie Schwartemagen. Dazu reicht man «Ribel», einen gerösteten Brei aus Ribel- oder Türkamais, eine sehr aromenreiche und nahezu endemische Maissorte, die einmal im Jahr anlässlich eines Volksauflaufs maisbietend versteigert wird. Ein eher unangenehmer Brauch darf allerdings nicht verschwiegen werden: Viele Speisen werden in Murmeltierfett angebraten. Zum Dessert reicht man ein schlichtes Schaumgebäck namens «Balzers» oder, für Diabetiker geeignet, «Saukerkas» – eine lokale Käsespezialität, deren Zusammensetzung taktvollerweise nicht verraten wird. «Rebl, Tatsch und Holdermuas sind aalti Grecht met Hand und Fuass …», heisst es in einem steinalten Kochbuch aus dem Jahre 1973. Kein Schwein weiss, was Tatsch sein soll, glücklicherweise fragt auch niemand danach. Zu einer besonderen Spezia.li.tät zählt der sog. Blutsch – eine Kasserole mit Käsknöpfle, Geldwurst und Schwarzwurzeln. Dazu reicht man einen Schwarzriesling.

Trotzdem sollte man die Liechtensteiner nicht unterschätzen, es handelt sich um ein ausgeschlafenes Volk: Was das zum Beispiel das Znüni angeht, sind sie den Schweizern weit voraus: So stand im Fenster einer Gaststätte in Schaan auf einem Schild zu lesen: «Znüni ab 8.30 Uhr». Da müssen die Schweizer schon früher aufstehen!

Die Chinatown von Lausanne

1871 verordnete das zuständige Bundesamt dem Kanton Waadt eine Schmalspurbahn zwischen Lausanne und Echallens, und schon im Dezember 1872 begannen die Bauarbeiten. Ein amerikanischer Stahlmagnat hatte bei einem Besuch in der Schweiz von den Vorzügen chinesischer Arbeiter geschwärmt – anspruchslos, fleissig und haltbar –, sodass die Kantonsverwaltung Hunderte von chinesischen Kulis anheuerte, die früher z. T. in den Minen von Hengshan geschuftet hatten und Kummer gewohnt waren. Sie wurden im Basislager Belleveaux einquartiert und brachten tonnenweise Nahrungsmittel mit, da sie die Waadtländer «Cuisine» – zu Unrecht übrigens – beargwöhnten. Wie aber sollten sie diese transportieren, die Bahnstrecke musste ja erst noch gebaut werden? Mit der Zeit arrangierte man sich und kombinierte die währschafte Schweizerkost mit der asiatischen. Bei der Begegnung der traditionellen Küche der Waadt mit der etwas speziellen Küche der Provinz Heilongjiang prallten gelegentlich Welpen aufeinander. Auch bedeutet ein Katerfrühstück in Kanton etwas anderes als im Kanton Waadt.

In diesem Zusammenhang ist viel Porzellan zerschlagen worden (noch heute nennt man in England Porzellan «China»). Tatsache ist, dass wir es hier mit einem Vorläufer der heute so gerühmten «Crossover-Küche» zu tun haben. In China sind Hunde in aller Munde, ohne Rücksicht auf Rasse und Klasse. Gerade ein Mastino verliert im Wok ernorm von seinem Biss, vor allem wenn er einige Stunden mit Wasserkastanien und Schnee-Erbsen köchelt, Hot Dog einmal anders. Der «Dobermann süss-sauer» kommt bar jeder Aggressivität daher, der Koreaner schätzt das übrigens als Seoul-Food, und in der Mandschurei ist «Rottweiler im Sesamsamenmantel» mit Ingwersauce und Tausendjahreiern der Hit. Allein die Poesie des Wortes «Sesamsamenmantel» …

Probleme mit Kampfhunden egal welcher Geschmacksrichtung kennt der Pekinese nicht, nur entsprechend gross müssen sie sein. Ein Chihuahua käme in der bis heute sehr ausgedehnten Chinatown von Lausanne maximal als Appetizer durch. Natürlich sind in diesem Zusammenhang Kosten senkende Alternativen für soziale Projekte wie Obdachlosenverköstigungen oder *Essen auf Rädern* vorstellbar. Die Amerikaner sind da weiter als die Mitteleuropäer, da wird in den Gefängnissen mancher Staaten, zum Beispiel in Louisiana oder Pennsylvania, «roadkill» serviert – was von der Strasse übrig blieb. Essen unter

Rädern sozusagen, überfahrene Rehe oder Bären, und das sind noch die appetitlichen Spezies. «Skunk Müllerin auf einem Gemüsebett von Blattspinaten an Süsskartoffeln» – dem Gourmetkoch bieten sich mannigfaltige Gestaltungsmöglichkeiten.

Manche Menschen sind auf Gluten allergisch, andere auf rote Stofflampen mit Fransen unten dran. Beide Risikogruppen sollten die Chinatown von Lausanne meiden. Dabei vertragen sich die waadtländische und die chinesische Küche mittlerweile prächtig. Keine Überraschung, wenn man bedenkt, das «Chine» und «Chien» mit denselben Buchstaben auskommen. Die Reisterassen oberhalb von Lutry liefern einen soliden Unterbau. «La Fricassée vaudoise» und die «Schweinepfanne Szechuan» unterscheiden sich nur marginal, und auf das «Fondue chinoise» muss man in dem Zusammenhang fast schon nicht mehr hinweisen – oder?

Thailand

Marie Curie, die Strahlefrau unter den Nobelpreisträgern, hatte seit Beginn der Zwanzigerjahre des vergangenen Jahrhunderts häufig in Genf zu tun, da sie der *Internationalen Kommission für Geistige Zusammenarbeit* des Völkerbundes angehörte. Bei diesen beschwerlichen Reisen von Paris wurde sie recht oft von ihrer Nichte Malgorzata begleitet, die sich dort wiederum anlässlich des alljährlichen Völkerballs in den Bürovorsteher des Consulat général royal de Thaïland verliebte und diesen schliesslich 1923 ehelichte. Die thailändische Küche befand sich damals in einem, um es vornehm auszudrücken, rudimentären Zustand, Saucen waren zum Beispiel völlig unbekannt. Von ihrer Tante hatte Malgorzata in der Küche einige Tricks abgeschaut, vor allem, was das Hantieren mit Feststoff-Flüssigkeits-Gemischen anbelangt. Sie experimentierte vor allem mit Gewürzen, die typisch sind für die Kantone rund um den Genfersee: Schwarzkümmel, Koriander, Bockshornklee, Garam Marsala, Sternanis, Fenchel, Nelken, Zimt. Sie entwickelte Saucen, die aromatisch, wohlschmeckend, scharf und aufregend fremd waren – aber leider so nicht transportabel. Als ihr Mann, Semphkorn Kalayanapong, 1926 nach Bangkok zurückberufen wurde, konnte man die lieb gewonnenen Flüssigkeiten schlecht in Töpfen über die Weltmeere transportieren. Folglich begann Malgorzata die Saucen zu verfestigen und als Pasten in kleinen Behältnissen aufzubewahren.

Obwohl in der Schweiz signifikant mehr Menschen aus Sri Lanka leben als aus Thailand, gibt es mehr Thai-Restaurants. Die Thai-Küche ist in Mitteleuropa seit einigen Jahren der letzte Schrei, oder anders gesagt: Thai-Fun. Diese Schreie sind auch zu hören, wenn sich der Koch einmal in der Dosierung der Gewürze vertan hat. Eine Ganzundgarküche mit frischen Zutaten und aromatischen Gewürzen, von denen Zitronengras und Cilantro (Koriander, vulgo Wanzendill), als «Siamesische Zwillinge» gerühmt werden und mittlerweile im Supermarkt nebenan zu haben sind, und dies nicht nur in thailändischen Enklaven wie Thaïcovagnes VD, Siamazzo TI oder Thaimins GR. Auch in Koh Nolfingen steht längst Kokosmilch im Regal (die von den Palmenmelkern auf Koh Samui gewonnen wird), fermentierte Fischsaucen und Thai-Suppen auf «asiatisch-feurige Art», die so exotische Zutaten enthalten wie Mungobohnenkeime, Bambussprossen, Mu-Errh-Pilze oder das Verdickungsmittel Xanthan. Xanthan, da schwingt die unergründliche Poesie des Fernen Ostens ebenso mit wie bei der Bhumibol-Suppe. So viel Zeit muss sein: Mu-Errh sind Pilze, Pu-Errh ist Tee.

Manchmal kommen die Currys so feurig daher, dass die Stäbchen zu Brennstäbchen werden. Obwohl der Thai generell sanftmütig wirkt, kommen in der Küche der Insel Koh Lehydrat dennoch Techniken wie Kickboxen zur Anwendung, wenn sie zum Beispiel Bambusstängel mit Handkantenschlägen zerteilen. Im benachbarten Kambodscha gilt Kochen sogar als Kampfsportart. Thai ist absolutes Trendfood, belastet den Body nicht, und ermöglicht eine gesellige Nahrungsaufnahme, beispielsweise bei After-Wok-Partys, bei denen es allerdings eines gewissen Ingwerspitzengefühls bedarf. Eines darf bei aller Sympathie freilich nicht übersehen werden: Der Erfolg der Thai-Küche hierzulande erklärt sich natürlich auch aus der Tatsache, dass sich Sextouristen daheim wie zu Hause fühlen wollen.

Urchuchi

Zmorge, Znüni, Zvieri, Znacht, hab immer nur ans Essen gedacht.
Wohin ich meine Schritte lenk, überall will ich lungern
und aus dem Vollen schüpfen!
Von allen Rezepten, die ich im Mönchenbuchsee, schlemmen!
Egal, wie sie sie zürichten.
Ja, nicht nur Frauenfeld immer was Neues ein, den Männlichen ebenso.
Das schöftlandauf, landab grossen Appetit. Ein Blick aufs Menü:
Amsteg kommt keiner vorbei: Kandersteg vom Romanshornochsen,
mit Sauce Bernaise. Oder Steak uster Lammschulter aus Schaffhausen,
wo währschafte Schafe in ihrer Wolhusen. Champex guet!
Neuchâtelbriand an Bruggoli mit Sauce Vignette auf Brigatoni,
Haxe von der seftigen Willisau, mit offiziellem Zertifikat vom Säuliamt.

Rollbraten frisch von der Rolle, Stierkloten frisch vom Bulle.
die man in Mehl baden muss, keinesfalls aber Mehlschwyz.
Bzw. in Öl schwenden oder mit ganz wynigen Tropfen Nussbaumenöl betäuffelen.
Goldmedaille für Frickassee von der Herisau Appenzeller Art.
Goldau für Tafelspiez mit Salat von der Brennesslau.
Oder Flammatkuchen –
zwei simmen grad genug!
Hhhmmm … ein scharfes Pfäffikon carne frisch vom Rinderberg.
Werdenberg sucht, wird hier ihn finden, keinen Mogelsberg, wirst schon seon!
Eine schynige Platte mit Geflügel: Güggeli, von dem jeder nur das Beinwil.
1-a-Sargans in Rotwein, schön arosa das Fleisch, ein Schötz, oder auch die Fiesch,
die sie mit der Andel fingen:
Bülachs in Genfsauce, eine Aesch, Eglisau oder Thunfisch.
Vegetarier lieben im Sommeri Crépinette vom Rohrschachtelhalm mit Brunnenkresse
auf Luzernen – oder sins Lupinen aus dem Sisikon Valley?
Oder Rheinfeldsalat mit Bivio-Öl frisch aus dem Bremgarten,

der nur winterthurnusmässig kommt auf Disentis. Dazu langentaliatelli.
Ambrioche kommt keiner vorbei, aber pass auf, wie du ihn bex:
Den Teig ordentlich glattfelden, sonst wird die Kruste hart wie Stein.
Andéer hat mancher sich eine Ziegelbrücke ausgebissen.
Aber wenn Sie gstaad: Nicht alles ist gut, von wengen!
Das steht auf einem anderen Blatten. Oft betrogen. Unsitten!
Manchmal flugs auf dem Bodio der Tatsachen:
Die Portionen oberwenigen, der Preis uzwil.
Die Gais in Flims, die Gams in Flums, die wohl beide sie im Zofingen.
Sehr zäh auch Biberist, den nicht mal ein Hundwil.
Die Domat, die ich faulensee! Ja, wenns wo was zu mürren gibt, dann muri!
Schlimm, wenn sie Wolfenschiessen im Wallis, keine Lukmanieren!
Davos simmen denn? Oder liegts blausanne mir?
Man mag vom Wolfhalden, was man will: Er schmeckt rothrist.
Auch Amriswil ich was aussetzen: Casimir, so ich dir.
Mal Oerlikonserven frisch aus der Buchs,
Mal Schlieren in der Suppe, mit Maggi a. Kein Meilenstein.

Von mir aus in die Haare schmerikon ihr euch das!
Kandergrund sein für Übles! Da droht Gefaarau, bei der ich manche Blessursee.
Gift und St. Galle, schlimme Kölliken finden im Leibstadt, Flatulenzburg!
Der Darm wird morges. Schlecht für die Mägen, wil ungesund.
Manchmal brülisau, weil Iserables ich mich fühl, ein Mustér ohne Wert.
Oftringen mit der Contenance ich und mich packt Aigle.
Aber will Montreuxsten mich mit Schweinsvoressen, Delémonstrier ich Gelassenheit.

Doch insgesamt überwiegen Verleloclungen, bienne mangé.
Was ich ganz bruthalwil: Da und dort ein Dessert abluchsingen,
das dürfte mich beflüelen!
Süsses aus dem Napfgebiet, mit Zuckergoss au, nur Nyoncen natürlich,
da mels ich eidgenüsslich dahin. Grenchenloses Wohlfühlen, wattwil man mehr!
Tutti Frutigen mit Saanen klingnau nicht blöd – Parfait! Sissach so gut!
Obacht nur bei Diableretis, wil Dietikon nicht leiden.
Zum Abschluss ein Stück olten Emmentaler

Oder einen Käse interlaken aus Salz, mit Olivonen garniert.

Keine Baar lass ich aus: Bière, wenn ihr euchs selber Braunwald.
Wynau. Die Flasche Chiasso leer ich in einem Zug, ein Fläsch!
Bis der Wein felden aus der Hand mir. Sogleich bilden sich Lachen.
Wenn carouge, dann eben mit blanc zuoziehen. Volle Pully!
Soglio gut sein. Kampftrinken: Wer zuerstfeld, ist draussen! Nicht grad romontisch.
Schon oft Saas Grundlos betrunken ich, saas feeloren herum.
Intragna den ganzen Tag, verszio, denn schon. Eine Liestalfahrt sondergleichen.
Irgendtavannes gings wohlen(1) mir oder übel. Na, wohlen(2) öfters Cozzera.
Dann küblis halt. Contheyma, nur müde samedan. Verschnufenen.
Jetzt rafz endlich: Ich verstäfa nix mehr, Aletsch mich doch!
Kein Uznachtessen, schon gar keine Churtisanen. Dazu hätt' ich eh nie den Moutier.
Andermattratze horch ich lieber.
Nicht mal Ilanz mag ich noch ziehen – Onnexmol wieder. Jetzt verschwändi.

Wo nur brütisellen Unsinn aus? Schönen Gruss an Botti Bessy!

(1) Wohlen AG. (2) Wohlen BE.

Que sera, svizzera und *Kampfzone Küche* (unter dem Titel *Arrivederci, Containersex!)* erschienen bereits 2001 im Buch *Schweizerkreuz und quer.*
Urchuchi (unter dem Titel *Schnabulazione)* erschien 2005 in *Schweizfahren.*
Mit freundlicher Genehmigung des Maro-Verlages, Augsburg.
Alle Texte wurden überarbeitet.

Der Autor

Thomas C. Breuer (geb. 1952 in Eisenach, Thüringen) ist seit 36 Jahren als Kabarettist und Autor unterwegs, über 20 davon auch in der Schweiz mit speziell helvetischen Programmen, unter anderem auf Festivals in Arosa, Olten, Zürich. Über 2800 Auftritte, 30 Bücher. Arbeitet fürs Radio, in der Schweiz regelmässig im Magazin *PET* und in der *Zytlupe* auf Radio SRF 1. Der Autor lebt in Rottweil und in den Zügen von DB und SBB.

In der *Perlen*-Reihe des Knapp Verlags ist von Breuer auch das Schweiz-Buch *Gubrist, mon amour* (2010) erschienen.

Korrektorat Sam Bieri, Luzern
Druck BoD- Books on Demand GmbH, Norderstedt

ISBN 978-3-906311-53-1

Sonderdruck der Originalausgabe, November 2018
(ISBN 978-3-905848-77-9)

Gedruckt auf umweltfreundlichem FSC-Papier.

www.knapp-verlag.ch

Der Knapp Verlag wird vom Bundesamt für Kultur mit einem Strukturbeitrag für die Jahre 2016 – 2018 unterstützt.

Die Herausgabe wird durch den Verein «Freunde des gepflegten Buches» gefördert. www.freunde.knapp-verlag.ch